DIALOGUES
SUR L'ÉLOQUENCE.

Paris. — Typographie de Firmin Didot Frères, rue Jacob, 56.

DIALOGUES
SUR L'ÉLOQUENCE

EN GÉNÉRAL,

ET SUR CELLE DE LA CHAIRE EN PARTICULIER,

PAR FÉNELON.

NOUVELLE ÉDITION, AUGMENTÉE DE NOTES,

PAR M. L'ABBÉ DRIOUX,

Professeur d'histoire au séminaire de Langres, et membre de la
société littéraire de l'université catholique de Louvain.

PARIS,

JACQUES LECOFFRE ET Cᴵᴱ, LIBRAIRES,

RUE DU VIEUX-COLOMBIER, 29,
Ci-devant rue du Pot de Fer Saint-Sulpice, 8.

—

1849.

AVERTISSEMENT.

« Fénelon, dit M. Villemain, avait beaucoup réfléchi sur l'art oratoire et sur l'éloquence de la chaire ; et ses études à cet égard se retrouvent dans trois *Dialogues* à la manière de Platon, remplis de raisonnements empruntés à ce philosophe, et surtout écrits avec une grâce qui semble lui avoir été dérobée. Nous n'avons dans notre langue aucun traité de l'art oratoire qui renferme plus d'idées saines, ingénieuses et neuves, une impartialité plus sévère et plus hardie dans les jugements. Le style en est simple, agréable, varié, éloquent à propos, et mêlé de cet enjouement délicat dont les anciens savaient tempérer la sévérité didactique. »

Ce jugement du littérateur le plus distingué de notre époque, suffit pour faire comprendre toute l'importance et tous les mérites du petit ouvrage que nous publions. La modestie de Fénelon ne l'avait pas jugé digne de l'impression ; et il paraît qu'il ne l'a composé que par délassement, pour se rendre compte à lui-même de la manière dont il comprenait le véritable orateur. On pense communément que ce fut l'œuvre de sa première jeunesse. Mais il nous semble difficile de croire qu'un homme sans expérience ait pu concevoir des théories aussi exactes, des jugements aussi sains, des préceptes aussi justes. Il règne dans tout l'ouvrage une maturité d'idées qui

1.

ne peut être que le résultat d'un exercice long et varié
du ministère de la prédication. C'est pourquoi nous serions porté à croire que Fénelon n'a pas écrit ses *Dialogues* avant d'être parvenu au moins au milieu de sa
carrière. Quelques allusions qu'il fait à des événements
d'ailleurs bien connus, nous semblent autoriser cette hy-
pothèse. Cependant, ce qu'il dit de Bourdaloue paraît fa-
voriser l'opinion contraire. Peut-être serait-il mieux d'ad-
mettre qu'il s'est occupé de ce travail à diverses reprises,
et qu'il le composa par conséquent de parties écrites à
différentes époques.

Toutefois, ce qu'il y a de certain, c'est que Fénelon
n'a fait que résumer dans ces *Dialogues* les principes
qu'il appliquait lorsqu'il avait à parler en public. Il nous
a donné le secret de sa méthode et de son éloquence.
Ainsi il écrivait rarement ce qu'il voulait dire. Les ma-
nuscrits qu'il a laissés ne renferment que des notes rapi-
des, de simples indications d'idées. Il se contentait de
bien se pénétrer du sujet qu'il avait à traiter, disposait à
l'avance le plan de son sermon, et s'abandonnait ensuite,
pour le choix de l'expression, à la facilité de son génie.
Dans de rares circonstances, comme celle du sacre de
l'archevêque de Cologne, il travaillait ses discours, et les
composait d'après les formes reçues. Mais, comme l'a dit
la Bruyère, soit qu'il prêchât de génie et sans préparation,
soit qu'il prononçât un discours étudié et oratoire, soit
qu'il expliquât ses pensées dans la conversation, on sentait
toujours la force et l'ascendant de son esprit.

Quand on réfléchit à tout ce qu'exige de l'orateur cet
illustre écrivain, on peut, comme le dit son historien,
élever des objections très-raisonnables sur les difficultés
que présente la méthode si simple et si facile, en apparence, qu'il propose dans ses *Dialogues*. La plus forte de

ces objections sera toujours la réunion si rare de talents, de facilités, de connaissances et même de vertus, qu'exigerait cette disposition habituelle à manier la parole sur toutes sortes de sujets, avec assez de force, d'attraits et d'action [pour *prouver*, *peindre* et *toucher*, comme il veut que le fasse l'orateur.

Mais si l'on ne se sent pas les forces d'imiter en tout ce sublime modèle, on rencontre parmi ses appréciations et ses préceptes une foule d'idées pratiques qui sont de tous les temps et de tous les lieux, et qui peuvent profiter à tous les esprits. Le cardinal Maury, excellent juge en pareille matière, disait qu'on doit regarder ces *Dialogues sur l'éloquence* comme le meilleur livre didactique pour les prédicateurs; et que toutes les règles de l'art y sont fondées sur le bon sens et sur la nature.

Pour justifier cet éloge, il nous suffirait de donner une courte analyse de l'ouvrage. Nous ne le ferons pas, parce que nous ne pourrions que reproduire, sous une autre forme, les arguments que nous avons placés au commencement de chaque *Dialogue*. Nous ferons seulement ici observer qu'en traitant de l'éloquence de la chaire, Fénelon parle aussi de l'éloquence en général. Par endroit, on trouve des idées qu'il a reproduites dans sa *Lettre à l'Académie*. Mais ces deux ouvrages ne doivent pas être considérés comme une simple répétition des mêmes principes : ils ont, au contraire, l'avantage de se compléter réciproquement. Les *Dialogues* ont pour objet l'éloquence dans sa plus large acception, et la *Lettre à l'Académie* donne le plan d'une grammaire, d'une rhétorique, d'une poétique, et renferme des jugements généraux sur les anciens et les modernes.

« Ces deux ouvrages, a dit encore M. Villemain, ont placé leur auteur au premier rang parmi les critiques, et servent à expliquer la simplicité originale de ses propres écrits, et la composition si antique et si neuve du *Télémaque*. » L'étude de ces chefs-d'œuvre peut donc être utile aux jeunes gens sous un double rapport, puisque, d'une part, elle aura l'avantage de les initier aux secrets si variés de la composition, et que, de l'autre, elle leur révélera le caractère d'un des plus beaux génies dont la littérature française puisse s'honorer.

DIALOGUES
SUR L'ÉLOQUENCE

EN GÉNÉRAL,

ET SUR CELLE DE LA CHAIRE EN PARTICULIER.

DIALOGUE PREMIER.

LES INTERLOCUTEURS SONT DÉSIGNÉS PAR LES LETTRES *A. B. C.*

ARGUMENT.

Les principaux défauts de l'éloquence de la chaire sont le bel esprit et les ornements prétentieux et affectés. Pour prouver que ces défauts sont contraires à la véritable éloquence, Fénelon établit les qualités nécessaires à l'orateur en général. Il veut qu'il n'ait pas d'autre but que de persuader aux autres hommes la vérité pour les rendre meilleurs, et qu'il exerce le ministère de la parole avec un désintéressement complet. Pour montrer que ces principes sont uniquement dictés par la raison, il les fait voir dans Platon et dans Cicéron, c'est-à-dire dans les philosophes les plus illustres de la Grèce et de Rome. Indépendamment de la vertu, il désire encore que l'orateur possède la science; et, après avoir énuméré toutes les connaissances qui lui sont nécessaires, il résume tout son dialogue, en disant à la fin à quelles marques on reconnaîtra le véritable orateur.

A. Hé bien! monsieur, vous venez donc d'entendre le sermon où vous vouliez me mener tantôt? Pour moi, je me suis contenté du prédicateur de notre paroisse.

B. Je suis charmé du mien; vous avez bien perdu,

monsieur, de n'y être pas. J'ai arrêté une place pour ne manquer aucun sermon du carême. C'est un homme admirable : si vous l'aviez une fois entendu, il vous dégoûterait de tous les autres (1).

A. Je me garderai donc bien de l'aller entendre, car je ne veux point qu'un prédicateur me dégoûte des autres ; au contraire, je cherche un homme qui me donne un tel goût et une telle estime pour la parole de Dieu, que j'en sois plus disposé à l'écouter partout ailleurs. Mais puisque j'ai tant perdu, et que vous êtes plein de ce beau sermon, vous pouvez, monsieur, me dédommager : de grâce, dites-nous quelque chose de ce que vous avez retenu (2).

B. Je défigurerais ce sermon par mon récit : ce sont cent beautés qui échappent ; il faudrait être le prédicateur même pour vous dire...

A. Mais encore ? Son dessein, ses preuves, sa morale, les principales vérités qui ont fait le corps de son discours ? Ne vous reste-t-il rien dans l'esprit ? Est-ce que vous n'étiez pas attentif ?

B. Pardonnez-moi, jamais je ne l'ai été davantage.

C. Quoi donc ! vous voulez vous faire prier ?

B. Non ; mais c'est que ce sont des pensées si délicates, et qui dépendent tellement du tour et de la finesse de l'expression, qu'après avoir charmé dans le moment, elles ne se retrouvent pas aisément dans la suite. Quand même vous les retrouveriez, dites-les dans d'autres termes, ce n'est plus la même chose ; elles perdent leur grâce et leur force (3).

A. Ce sont donc, monsieur, des beautés bien fragiles ;

(1) Fénelon fait de suite connaître le caractère de ses personnages. L'interlocuteur B est un de ces hommes superficiels, qui s'attachent beaucoup moins au fond qu'à la forme. Il partage la plupart des préjugés accrédités par les écrivains de la *Renaissance.*

(2) L'interlocuteur A tient toujours un sage milieu entre deux extrêmes : c'est lui qui doit exprimer les sentiments de Fénelon. Les deux autres sont des adversaires qu'il veut combattre, ou plutôt des orateurs qu'il veut éclairer.

(3) Tout en louant son prédicateur, cet interlocuteur fait, sans s'en douter, la critique la plus vive et la plus spirituelle de sa méthode. C'est ce qui rend son rôle tout à la fois curieux et piquant.

en les voulant toucher on les fait disparaitre. J'aimerais
bien mieux un discours qui eût plus de corps et moins
d'esprit : il ferait une forte impression, on retiendrait
mieux les choses. Pourquoi parle-t-on, sinon pour persuader, pour instruire, et pour faire en sor'e que l'auditeur
retienne?

C. Vous voilà, monsieur, engagé à parler.

B. Eh bien ! disons donc ce que j'ai retenu. Voici le
texte : *Cinerem tanquam panem manducabam*, « Je
« mangeais la cendre comme mon pain. » Peut-on trouver
un texte plus ingénieux pour le jour des Cendres ? Il a
montré que, selon ce passage, la cendre doit être aujour-
d'hui la nourriture de nos âmes; puis il a enchâssé dans
son avant-propos, le plus agréablement du monde, l'histoire d'Artémise sur les cendres de son époux. Sa chute
à son *Ave Maria* a été pleine d'art. Sa division était heu-
reuse; vous en jugerez. « Cette cendre, dit-il, quoiqu'elle
soit un signe de pénitence, est un principe de félicité;
quoiqu'elle semble nous humilier, elle est une source de
gloire; quoiqu'elle représente la mort, elle est un remède
qui donne l'immortalité. » Il a repris cette division en
plusieurs manières; et chaque fois il donnait un nouveau
lustre à ses antithèses (1). Le reste du discours n'était ni
moins poli ni moins brillant : la diction était pure, les
pensées nouvelles, les périodes nombreuses; chacune
finissait par quelque trait surprenant. Il nous a fait des
peintures morales où chacun se trouvait : il a fait une
anatomie des passions du cœur humain, qui égale les
maximes de M. de la Rochefoucauld (2). Enfin, selon moi,

(1) On peut se reporter aux discours du temps, et l'on verra qu'il
n'y a rien d'invraisemblable dans le langage que Fénelon prête à
son personnage. Les prédicateurs jouaient alors sur les mots, et mul-
tipliaient les antithèses jusqu'à se rendre inintelligibles. Rien n'é-
tait plus ordinaire que ce défaut; mais Fénelon le critique avec infiniment d'esprit.

(2) Ceci n'est point un éloge du livre de la Rochefoucauld. Fénelon
ne pouvait être du sentiment d'un auteur qui n'a vu dans l'homme
que des vices, et qui a cru que toutes nos actions n'avaientj mais
d'autre mobile que l'égoïsme ou l'amour-propre.

c'était un ouvrage achevé. Mais vous, monsieur, qu'en pensez-vous?

A. Je crains de vous parler sur ce sermon, et de vous ôter l'estime que vous en avez (1). On doit respecter la parole de Dieu, profiter de toutes les vérités qu'un prédicateur a expliquées, et éviter l'esprit de critique, de peur d'affaiblir l'autorité du ministère.

B. Non, monsieur; ne craignez rien. Ce n'est point par curiosité que je vous questionne : j'ai besoin d'avoir là-dessus de bonnes idées ; je veux m'instruire solidement, non-seulement pour mes besoins, mais encore pour ceux d'autrui, car ma profession m'engage à prêcher. Parlez-moi donc sans réserve, et ne craignez ni de me contredire, ni de me scandaliser.

A. Vous le voulez, il faut vous obéir. Sur votre rapport même, je conclus que c'était un méchant sermon.

B. Comment cela?

A. Vous l'allez voir. Un sermon où les applications de l'Écriture sont fausses, où une histoire profane est rapportée d'une manière froide et puérile (2), où l'on voit régner partout une vaine affectation de bel esprit, est-il bon?

B. Non, sans doute : mais le sermon que je vous rapporte ne me semble point de ce caractère.

A. Attendez, vous conviendrez de ce que je dis. Quand le prédicateur a choisi pour texte ces paroles, *Je mangeais la cendre comme mon pain*, devait-il se contenter de trouver un rapport de mots entre ce texte et la cérémonie d'aujourd'hui? Ne devait-il pas commencer par entendre le vrai sens de son texte, avant que de l'appliquer au sujet?

B. Oui, sans doute.

---

(1) On pourrait ici admirer toutes les formes de la politesse la plus gracieuse et la plus exquise.

(2) Ce défaut et ceux qui précèdent sont encore très-ordinaires. Fénelon a voulu les réunir tous dans ce mauvais sermon rapporté par le second interlocuteur, pour avoir l'occasion de les combattre, et d'épuiser ainsi la matière.

A. Ne fallait-il donc pas reprendre les choses de plus haut, et tâcher d'entrer dans toute la suite du psaume ? N'était-il pas juste d'examiner si l'interprétation dont il s'agissait était contraire au sens véritable, avant que de la donner au peuple comme la parole de Dieu ?

B. Cela est vrai : mais en quoi peut-elle y être contraire ?

A. David, ou quel que soit l'auteur du psaume CI (1), parle de ses malheurs en cet endroit. Il dit que ses ennemis lui insultaient cruellement, le voyant dans la poussière, abattu à leurs pieds, réduit (c'est ici une expression poétique) à se nourrir d'un pain de cendres et d'une eau mêlée de larmes. Quel rapport des plaintes de David renversé de son trône, et persécuté par son fils Absalon, avec l'humiliation d'un chrétien qui se met des cendres sur le front pour penser à la mort, et pour se détacher des plaisirs du monde ?

N'y avait-il point d'autre texte à prendre dans l'Écriture ? Jésus-Christ, les apôtres, les prophètes, n'ont-ils jamais parlé de la mort et de la cendre du tombeau, à laquelle Dieu réduit notre vanité ? Les Écritures ne sont-elles pas pleines de mille figures touchantes sur cette vérité ? Les paroles mêmes de la Genèse, si propres, si naturelles à cette cérémonie, et choisies par l'Église même, ne seront-elles donc pas dignes du choix d'un prédicateur ? Appréhendera-t-il, par une fausse délicatesse, de redire souvent un texte que le Saint-Esprit et l'Église ont voulu répéter sans cesse tous les ans ? Pourquoi donc laisser cet endroit et tant d'autres de l'Écriture qui conviennent, pour en chercher un qui ne convient pas (2) ? C'est un goût dépravé, une passion aveugle de dire quelque chose de nouveau.

B. Vous vous échauffez trop, monsieur : il est vrai que ce texte n'est point conforme au sens littéral.

(1) Il est sûr que tous les psaumes ne sont pas de David ; mais les commentateurs sont très-partagés quand il s'agit de désigner les auteurs de ceux qui n'ont pas été composés par le roi-prophète.

(2) C'était en cela qu'on faisait consister le bel esprit. Plus le texte était recherché et prétentieux, plus l'interprétation était subtile et détournée, et plus le prédicateur se supposait de mérite.

C. Pour moi, je veux savoir si les choses sont vraies, avant que de les trouver belles (1). Mais le reste?

A. Le reste du sermon est du même genre que le texte. Ne le voyez-vous pas, monsieur? A quel propos faire l'agréable dans un sujet si effrayant, et amuser l'auditeur par le récit profane de la douleur d'Artémise, lorsqu'il faudrait tonner, et ne donner que des images terribles de la mort?

B. Je vous entends, vous n'aimez pas les traits d'esprit. Mais, sans cet agrément, que deviendrait l'éloquence? Voulez-vous réduire tous les prédicateurs à la simplicité des missionnaires? Il en faut pour le peuple; mais les honnêtes gens ont les oreilles plus délicates, et il est nécessaire de s'accommoder à leur goût.

A. Vous me menez ailleurs: je voulais achever de vous montrer combien ce sermon est mal conçu; il ne me restait qu'à parler de la division, mais je crois que vous comprenez assez vous-même ce qui me la fait désapprouver. C'est un homme qui donne trois points pour sujet de tout son discours. Quand on divise, il faut diviser simplement, naturellement (2): il faut que ce soit une division qui se trouve toute faite dans le sujet même; une division qui éclaircisse, qui range les matières, qui se retienne aisément, et qui aide à retenir tout le reste; enfin une division qui fasse voir la grandeur du sujet et de ses parties. Tout au contraire, vous voyez ici un homme qui entreprend d'abord de vous éblouir, qui vous débite trois épigrammes ou trois énigmes, qui les tourne et retourne avec subtilité; vous croyez voir des tours de

(1) Le caractère de ce troisième personnage, C, n'est pas encore connu. Mais, d'après cette première réflexion, il est aisé de remarquer qu'il sera d'un sentiment absolument opposé à l'interlocuteur B. Celui-ci tient aux faux ornements; le dernier dédaigne toute espèce d'éloquence, et voudrait qu'on s'en tînt à la vérité exprimée d'une manière simple et nue.

(2) Plus loin, Fénelon reviendra sur ce point. D'après ce qu'il dit ici, nous nous croirons alors en droit d'observer qu'il n'a jamais condamné les divisions en elles-mêmes, et qu'il s'est borné à reprendre ces divisions arbitraires qu'il remarquait trop souvent dans les sermons qu'il entendait.

passe-passe. Est-ce là un air sérieux et grave, propre à vous faire espérer quelque chose d'utile et d'important ? Mais revenons à ce que vous disiez : vous demandez si je veux donc bannir l'éloquence de la chaire?

B. Oui; il me semble que vous allez là.

A. Ha ! voyons : qu'est-ce que l'éloquence ?

B. C'est l'art de bien parler (1).

A. Cet art n'a-t-il point d'autre but que celui de bien parler ? Les hommes en parlant n'ont-ils point quelque dessein? Parle-t-on pour parler?

B. Non, on parle pour plaire et pour persuader.

A. Distinguons, s'il vous plaît, monsieur, soigneusement ces deux choses : on parle pour persuader, cela est constant ; on parle aussi pour plaire, cela n'arrive que trop souvent. Mais quand on tâche de plaire, on a un autre but plus éloigné, qui est néanmoins le principal. L'homme de bien ne cherche à plaire que pour inspirer la justice et les autres vertus, en les rendant aimables ; celui qui cherche son intérêt, sa réputation, sa fortune, ne songe à plaire que pour gagner l'inclination et l'estime des gens qui peuvent contenter son avarice ou son ambition : ainsi cela même se réduit encore à une manière de persuasion que l'orateur cherche; il veut plaire pour flatter, et il flatte pour persuader ce qui convient à son intérêt.

B. Enfin vous ne pouvez disconvenir que les hommes ne parlent souvent que pour plaire. Les orateurs païens ont eu ce but (2). Il est aisé de voir dans les discours de Cicéron qu'il travaillait pour sa réputation : qui ne croira la même chose d'Isocrate et de Démosthène?

---

(1) Cette définition est celle des anciens, *ars benè dicendi*. Tout en l'admettant, Fénelon la complète.

(2) Cet interlocuteur est tellement épris des orateurs païens, qu'il ne voit rien au-dessus d'eux, non-seulement sous le rapport de l'art, mais encore sous le rapport moral. Cette confusion d'idées abusa la plupart des hommes qui se passionnèrent pour la *Renaissance*, et on la retrouve encore dans beaucoup d'écrivains du dix-septième siècle.

Tous les anciens panégyristes songeaient moins à faire admirer leurs héros qu'à se faire admirer eux-mêmes ; ils ne cherchaient la gloire d'un prince qu'à cause de celle qui leur devait revenir à eux-mêmes pour l'avoir bien loué. De tout temps cette ambition a semblé permise chez les Grecs et chez les Romains : par cette émulation, l'éloquence se perfectionnait, les esprits s'élevaient à de hautes pensées et à de grands sentiments ; par là on voyait fleurir les anciennes républiques : le spectacle que donnait l'éloquence, et le pouvoir qu'elle avait sur les peuples, la rendirent admirable, et ont poli merveilleusement les esprits. Je ne vois pas pourquoi on blâmerait cette émulation, même dans des orateurs chrétiens, pourvu qu'il ne parût dans leurs discours aucune affectation indécente, et qu'ils n'affaiblissent en rien la morale évangélique. Il ne faut point blâmer une chose qui anime les jeunes gens, et qui forme les grands prédicateurs.

A. Voilà bien des choses, monsieur, que vous mettez ensemble : démêlons-les, s'il vous plaît, et voyons avec ordre ce qu'il faut en conclure ; surtout évitons l'esprit de dispute ; examinons cette matière paisiblement, en gens qui ne craignent que l'erreur ; et mettons tout l'honneur à nous dédire dès que nous apercevons que nous nous serons trompés.

B. Je suis dans cette disposition, ou du moins je crois y être ; et vous me ferez plaisir de m'avertir si vous voyez que je m'écarte de cette règle.

A. Ne parlons point d'abord des prédicateurs, ils viendront en leur temps : commençons par les orateurs profanes, dont vous avez cité ici l'exemple. Vous avez mis Démosthène avec Isocrate (1) ; en cela vous avez fait tort au premier : le second est un froid orateur, qui n'a songé

(1) On s'est étonné de ce rapprochement. Il nous paraît cependant naturel. Démosthène est le premier des orateurs, Isocrate le premier des rhéteurs. L'interlocuteur B ne paraissant préoccupé que de la forme, il était tout simple qu'il s'exagérât le mérite d'Isocrate, et qu'il ne comprît pas toute la grandeur de Démosthène. Il a donc pu les comparer ; et Fénelon, en lui faisant voir le vice de

qu'à polir ses pensées et qu'à donner de l'harmonie à ses paroles ; il n'a eu qu'une idée basse de l'éloquence, et il l'a presque toute mise dans l'arrangement des mots. Un homme qui a employé selon les uns dix ans, et selon les autres quinze, à ajuster les périodes de son Panégyrique, qui est un discours sur les besoins de la Grèce, était d'un secours bien faible et bien lent pour la république contre les entreprises du roi de Perse. Démosthène parlait bien autrement contre Philippe. Vous pouvez voir la comparaison que Denys d'Halicarnasse fait des deux orateurs (1), et les défauts essentiels qu'il remarque dans Isocrate. On ne voit dans celui-ci que des discours fleuris et efféminés, que des périodes faites avec un travail infini pour amuser l'oreille ; pendant que Démosthène émeut, échauffe et entraîne les cœurs : il est trop vivement touché des intérêts de sa patrie pour s'amuser à tous les jeux d'esprit d'Isocrate ; c'est un raisonnement serré et pressant, ce sont des sentiments généreux d'une âme qui ne conçoit rien que de grand, c'est un discours qui croît et qui se fortifie à chaque parole par des raisons nouvelles, c'est un enchaînement de figures hardies et touchantes ; vous ne sauriez le lire sans voir qu'il porte la république dans le fond de son cœur : c'est la nature qui parle elle-même dans ses transports ; l'art est si achevé, qu'il n'y paraît point ; rien n'égala jamais sa rapidité et sa véhémence. N'avez-vous pas vu ce qu'en dit Longin dans son *Traité du Sublime* (2)?

B. Non : n'est-ce pas ce traité que M. Boileau (3) a traduit ? Est-il beau ?

A. Je ne crains pas de dire qu'il surpasse, à mon gré, la *Rhétorique* d'Aristote. Cette *Rhétorique*, quoique très-,

---

cette comparaison, lui montre qu'il ne juge pas de l'éloquence à un vrai point de vue.

(1) Denys d'Halicarnasse.

(2) Longin, *Traité du Sublime*, ch. XXVIII.

(3) La traduction de Boileau parut en 1671. Fénelon avait vingt-trois ans, et Boileau trente-huit.

belle, a beaucoup de préceptes secs, et plus curieux qu'utiles dans la pratique ; ainsi elle sert bien plus à faire remarquer les règles de l'art à ceux qui sont déjà éloquents, qu'à inspirer l'éloquence et à former de vrais orateurs : mais le *Sublime* de Longin joint aux préceptes beaucoup d'exemples qui les rendent sensibles. Cet auteur traite le sublime d'une manière sublime, comme le traducteur l'a remarqué ; il échauffe l'imagination, il élève l'esprit du lecteur, il lui forme le goût, et lui apprend à distinguer judicieusement le bien et le mal dans les orateurs célèbres de l'antiquité (1).

B. Quoi ! Longin est si admirable ! Hé ! ne vivait-il pas du temps de l'empereur Aurélien et de Zénobie?

A. Oui ; vous savez leur histoire.

B. Ce siècle n'était-il pas bien éloigné de la politesse des précédents ? Quoi ! vous voudriez qu'un auteur de ce temps-là eût le goût meilleur qu'Isocrate? En vérité, je ne puis le croire.

A. J'en ai été surpris moi-même : mais vous n'avez qu'à le lire ; quoiqu'il fût d'un siècle fort gâté, il s'était formé sur les anciens, et il ne tient presque rien (2) des défauts de son temps. Je dis presque rien, car il faut avouer qu'il s'applique plus à l'admirable qu'à l'utile, et qu'il ne rapporte guère l'éloquence à la morale ; en cela il paraît n'avoir pas les vues solides qu'avaient les anciens Grecs, surtout les philosophes : encore même faut-il lui pardonner un défaut dans lequel Isocrate, quoique d'un meilleur siècle, lui est beaucoup inférieur ; surtout ce défaut est excusable dans un traité particulier, où il parle, non de ce qui instruit les hommes, mais de ce qui les frappe et qui les saisit. Je vous parle de cet auteur (3), parce qu'il vous servira beaucoup à comprendre ce que je veux dire: vous y verrez le portrait admirable qu'il fait de Démosthène, dont il rapporte des endroits très-sublimes; et vous y

(1) Fénelon partage ici absolument le sentiment de Boileau.
(2) *Il ne tient presque rien.* Locution particulière.
(3) Fénelon tient à faire voir le motif de cette digression.

trouverez aussi ce que je vous ai dit des défauts d'Isocrate. Vous ne sauriez mieux faire pour connaître ces
deux auteurs, si vous ne voulez pas prendre la peine de
les connaître par eux-mêmes en lisant leurs ouvrages.
Laissons donc Isocrate, et revenons à Démosthène et à
Cicéron.

B. Vous laissez Isocrate, parce qu'il ne vous convient
pas.

A. Parlons donc encore d'Isocrate, puisque vous n'êtes
pas persuadé ; jugeons de son éloquence par les règles
de l'éloquence même, et par le sentiment du plus éloquent
écrivain de l'antiquité : c'est Platon ; l'en croirez-vous,
monsieur ?

B. Je le croirai s'il a raison ; je ne jure sur la parole
d'aucun maître (1).

A. Souvenez-vous de cette règle, c'est ce que je demande : pourvu que vous ne vous laissiez point domi-
ner par certains préjugés de notre temps, la raison vous
persuadera bientôt. N'en croyez donc ni Isocrate ni Platon ; mais jugez de l'un et de l'autre par des principes
clairs. Vous ne sauriez disconvenir que le but de l'éloquence ne soit de persuader la vérité et la vertu.

B. Je n'en conviens pas (2), c'est ce que je vous ai déjà
nié.

A. C'est donc ce que je vais vous prouver. L'éloquence,
si je ne me trompe, peut être prise en trois manières :
1° comme l'art de persuader la vérité, et de rendre les
hommes meilleurs ; 2° comme un art indifférent, dont les
méchants peuvent se servir aussi bien que les bons, et
qui peut persuader l'erreur, l'injustice, autant que la
justice et la vérité ; 3° enfin comme un art qui peut servir
aux hommes intéressés à plaire, à s'acquérir de la réputa-

(1) Allusion à ce vers d'Horace :
   Nullius addictus jurare in verba magistri.

(2) Cette réponse ne doit pas étonner ; car il y a encore aujour-
d'hui un bon nombre de littérateurs qui seraient disposés à la
faire.

tion, et à faire fortune. Admettez une de ces trois manières.

B. Je les admets toutes, qu'en conclurez-vous?

A. Attendez, la suite vous le montrera; contentez-vous, pourvu que je ne vous dise rien que de clair, et que je vous mène à mon but. De ces trois manières d'éloquence, vous approuverez sans doute la première.

B. Oui, c'est la meilleure.

A. Et la seconde, qu'en pensez-vous?

B. Je vous vois venir, vous voulez faire un sophisme. La seconde est blâmable par le mauvais usage que l'orateur y fait de l'éloquence pour persuader l'injustice et l'erreur. L'éloquence d'un méchant homme est bonne en elle-même; mais la fin à laquelle il la rapporte est pernicieuse. Or, nous devons parler des règles de l'éloquence, et non de l'usage qu'il en faut faire; ne quittons point, s'il vous plaît, ce qui fait notre véritable question (1).

A. Vous verrez que je ne m'en écarte pas, si vous voulez bien me continuer la grâce de m'écouter. Vous blâmez donc la seconde manière; et, pour ôter toute équivoque, vous blâmez ce second usage de l'éloquence.

B. Bon, vous parlez juste; nous voilà pleinement d'accord.

A. Et le troisième usage de l'éloquence, qui est de chercher à plaire par des paroles, pour se faire par là une réputation et une fortune, qu'en dites-vous?

B. Vous savez déjà mon sentiment! je n'en ai point changé. Cet usage de l'éloquence me paraît honnête; il excite l'émulation, et perfectionne les esprits.

A. En quel genre doit-on tâcher de perfectionner les esprits? Si vous aviez à former un État ou une république, en quoi voudriez-vous perfectionner les esprits?

B. En tout ce qui pourrait les rendre meilleurs. Je voudrais faire de bons citoyens, pleins de zèle pour le bien public. Je voudrais qu'ils sussent en guerre défendre la

(1) Dans toute cette discussion, Fénelon a grand soin de ne point affaiblir la défense de la cause qu'il combat. C'est là, en effet, ce qui rend son dialogue intéressant et instructif.

patrie, en paix faire observer les lois, gouverner leurs maisons, cultiver ou faire cultiver leurs terres, élever leurs enfants à la vertu, leur inspirer la religion, s'occuper au commerce selon les besoins du pays, et s'appliquer aux sciences utiles à la vie. Voilà, ce me semble, le but d'un législateur.

A. Vos vues sont très-justes et très-solides. Vous voudriez donc des citoyens ennemis de l'oisiveté, occupés à des choses très-sérieuses, et qui tendissent toujours au bien public?

B. Oui, sans doute.

A. Et vous retrancheriez tout le reste?

B. Je le retrancherais.

A. Vous n'admettriez les exercices du corps que pour la santé et la force? Je ne parle point de la beauté du corps, parce qu'elle est une suite naturelle de la santé et de la force pour les corps qui sont bien formés.

B. Je n'admettrais que ces exercices-là.

A. Vous retrancheriez donc tous ceux qui ne serviraient qu'à amuser, et qui ne mettraient point l'homme en état de mieux supporter les travaux réglés de la paix et les fatigues de la guerre?

B. Oui, je suivrais cette règle.

A. C'est sans doute par le même principe que vous retrancheriez aussi (car vous me l'avez dit) tous les exercices de l'esprit qui ne serviraient point à rendre l'âme saine, forte, belle, en la rendant vertueuse?

B. J'en conviens. Que s'ensuit-il de là? Je ne vois pas encore où vous voulez aller, vos détours sont bien longs (1).

A. C'est que je veux chercher les premiers principes, et ne laisser derrière moi rien de douteux. Répondez, s'il vous plaît.

B. J'avoue qu'on doit, à plus forte raison, suivre cette règle pour l'âme, l'ayant établie pour le corps.

(1) Cette façon d'argumenter est piquante, infiniment vive. Dans ces dernières pages, on croirait lire un dialogue de Platon. C'est le même naturel, la même méthode et le même charme.

A. Toutes les sciences et tous les arts qui ne vont qu'au plaisir, à l'amusement et à la curiosité, les souffririez-vous? Ceux qui n'appartiendraient ni aux devoirs de la vie domestique, ni aux devoirs de la vie civile, que deviendraient-ils?

B. Je les bannirais de ma république.

A. Si donc vous souffriez les mathématiciens, ce serait à cause des mécaniques, de la navigation, de l'arpentage des terres, des supputations qu'il faut faire, des fortifications des places, etc. Voilà leur usage qui les autoriserait. Si vous admettiez les médecins, les jurisconsultes, ce serait pour la conservation de la santé et de la justice. Il en serait de même des autres professions dont nous sentons le besoin. Mais pour les musiciens, que feriez-vous? Ne seriez-vous pas de l'avis de ces anciens Grecs qui ne séparaient jamais l'utile de l'agréable? Eux qui avaient poussé la musique et la poésie, jointes ensemble, à une si haute perfection, ils voulaient qu'elles servissent à élever les courages, à inspirer les grands sentiments. C'était par la musique et par la poésie qu'ils se préparaient aux combats; ils allaient à la guerre avec des musiciens et des instruments. De là encore les trompettes et les tambours, qui les jetaient dans un enthousiasme et dans une espèce de fureur qu'ils appelaient divine. C'était par la musique et par la cadence des vers qu'ils adoucissaient les peuples féroces. C'était par cette harmonie qu'ils faisaient entrer, avec le plaisir, la sagesse dans le fond des cœurs des enfants : on leur faisait chanter les vers d'Homère, pour leur inspirer agréablement le mépris de la mort, des richesses, et des plaisirs qui amollissent l'âme; l'amour de la gloire, de la liberté et de la patrie. Leurs danses même avaient un but sérieux à leur mode, et il est certain qu'ils ne dansaient pas pour le seul plaisir: nous voyons, par l'exemple de David (1), que les peuples orientaux regardaient la danse comme un art sérieux, semblable à la musique et à la poésie. Mille instructions

(1) II Reg., c. vi.

étaient mêlées dans leurs fables et dans leurs poëmes :
ainsi, la philosophie la plus grave et la plus austère ne se
montrait qu'avec un visage riant. Cela paraît encore par
les danses mystérieuses des prêtres, que les païens avaient
mêlées dans leurs cérémonies pour les fêtes des dieux.
Tous ces arts qui consistent ou dans les sons mélodieux,
ou dans les mouvements du corps, ou dans les paroles,
en un mot, la musique, la danse, l'éloquence, la poésie,
ne furent inventés que pour exprimer les passions, et
pour les inspirer en les exprimant. Par là on voulut imprimer de grands sentiments dans l'âme des hommes, et
leur faire des peintures vives et touchantes de la beauté
de la vertu et de la difformité du vice : ainsi tous ces
arts, sous l'apparence du plaisir, entraient dans les desseins les plus sérieux des anciens pour la morale et pour
la religion. La chasse même était l'apprentissage pour la
guerre. Tous les plaisirs les plus touchants renfermaient
quelque leçon de vertu. De cette source vinrent dans la
Grèce tant de vertus héroïques, admirées de tous les siècles (1). Cette première instruction fut altérée, il est vrai,
et elle avait en elle-même d'extrêmes défauts. Son défaut
essentiel était d'être fondée sur une religion fausse et
pernicieuse. En cela les Grecs se trompaient, comme
tous les sages du monde, plongés alors dans l'idolâtrie :
mais s'ils se trompaient pour le fond de la religion et pour
le choix des maximes, ils ne se trompaient pas pour la
manière d'inspirer la religion et la vertu ; tout y était
sensible, agréable, propre à faire une vive impression.

C. Vous disiez tout à l'heure que cette première ins·
titution fut altérée ; n'oubliez pas, s'il vous plaît, de nous
l'expliquer.

A. Oui, elle fut altérée. La vertu donne la véritable politesse ; mais bientôt, si on n'y prend garde, la politesse

(1) Ces belles pages pourraient se justifier par une foule de témoi-
gnages empruntés aux écrits des anciens. Le génie de Fénelon était
tellement familier avec la belle antiquité, que toutes ses expressions sont autant d'allusions à quelques faits ou à quelques ouvrages
célèbres parmi les Grecs ou les Romains.

amollit peu à peu. Les Grecs asiatiques furent les premiers
à se corrompre; les Ioniens devinrent efféminés (1);
toute cette côte d'Asie fut un théâtre de volupté (2). La
Crète, malgré les sages lois de Minos, se corrompit de
même : vous savez les vers que cite saint Paul (3). Corin-
the fut fameuse par son luxe et par ses dissolutions. Les
Romains, encore grossiers, commencèrent à trouver de
quoi amollir leur vertu rustique. Athènes ne fut pas
exempte de cette contagion ; toute la Grèce en fut infec-
tée. Le plaisir, qui ne devait être que le moyen d'insinuer
la sagesse, prit la place de la sagesse même. Les philosophes réclamèrent. Socrate s'éleva, et montra à ses citoyens égarés que le plaisir, dans lequel ils s'arrêtaient,
ne devait être que le chemin de la vertu. Platon, son disciple, qui n'a pas eu honte de composer ses écrits des
discours de son maître, retranche de sa république tous
les tons de la musique, tous les mouvements de la tragédie, tous les récits des poëmes, et les endroits d'Homère
même qui ne vont pas à inspirer l'amour des bonnes
lois (4). Voilà le jugement que firent Socrate et Platon
sur les poëtes et sur les musiciens : n'êtes-vous pas de leur
avis?

B. J'entre tout à fait dans leur sentiment; il ne faut rien
d'inutile. Puisqu'on peut mettre le plaisir dans les choses
solides, il ne le faut point chercher ailleurs. Si quelque
chose peut faciliter la vertu, c'est de la mettre d'accord
avec le plaisir : au contraire, quand on les sépare, on
tente violemment les hommes d'abandonner la vertu;
d'ailleurs, tout ce qui plaît sans instruire amuse et amollit. Hé bien ! ne trouvez-vous pas que je suis devenu philosophe en vous écoutant? Mais allons jusqu'au bout,
car nous ne sommes pas encore d'accord.

(1)   *Motus doceri gaudet Ionicos.*
                              Hor., lib. III, od. 6, v. 21.]
(2) Les *fables milésiennes* en sont la preuve.
(3) *Cretenses semper mendaces, malæ bestiæ, ventres pigri.*
Tit., I, 12. Saint Paul ne fait que rapporter ici les expressions d'un
poëte grec.
(4) Platon, dans son livre *des Lois* et dans sa *République.*

A. Nous le serons bientôt, monsieur. Puisque vous êtes si philosophe, permettez-moi de vous faire encore une question. Voilà les musiciens et les poëtes assujettis à n'inspirer que la vertu (1) ; voilà les citoyens de votre république exclus des spectacles où le plaisir serait sans instruction. Mais que ferez-vous des devins?

B. Ce sont des imposteurs, il faut les chasser.

A. Mais ils ne font point de mal. Vous croyez bien qu'ils ne sont pas sorciers : ainsi ce n'est pas l'art diabolique que vous craignez en eux.

B. Non, je n'ai garde de le craindre, car je n'ajoute aucune foi à tous leurs contes ; mais ils font un assez grand mal d'amuser le public. Je ne souffre point dans ma république des gens oisifs qui amusent les autres, et qui n'aient point d'autre métier que celui de parler.

A. Mais ils gagnent leur vie par là ; ils amassent de l'argent pour eux et pour leurs familles.

B. N'importe ; qu'ils prennent d'autres métiers pour vivre : non-seulement il faut gagner sa vie, mais il la faut gagner par des occupations utiles au public. Je dis la même chose de tous ces misérables qui amusent les passants par leurs discours et par leurs chansons : quand ils ne mentiraient jamais, quand ils ne diraient rien de déshonnête, il faudrait les chasser ; l'inutilité seule suffit pour les rendre coupables : la police devrait les assujettir à prendre quelque métier réglé.

A. Mais ceux qui représentent des tragédies, les souffrirez-vous? Je suppose qu'il n'y ait ni amour profane, ni immodestie mêlée dans ces tragédies ; de plus, je ne parle pas ici en chrétien : répondez-moi seulement en législateur et en philosophe.

B. Si ces tragédies n'ont pas pour but d'instruire en donnant du plaisir, je les condamnerais.

A. Bon ; en cela, vous êtes précisément de l'avis de

---

(1) Plus haut (pag. 12), l'interlocuteur B avait loué les orateurs qui ne parlaient que pour acquérir de la réputation et de la fortune, sous prétexte que cet usage de l'éloquence excitait l'émulation entre eux ; Fénelon prend un détour pour renverser cette dernière idée.

Platon, qui veut qu'on ne laisse point introduire dans sa république des poëmes et des tragédies qui n'auront pas été examinés par les gardes des lois (1), afin que le peuple ne voie et n'entende jamais rien qui ne serve à autoriser les lois et à inspirer la vertu. En cela vous suivez l'esprit des auteurs anciens, qui voulaient que la tragédie roulât sur deux passions (2) ; savoir, la terreur que doivent donner les suites funestes du vice, et la compassion qu'inspire la vertu persécutée et patiente : c'est l'idée qu'Euripide et Sophocle ont exécutée.

B. Vous me faites souvenir que j'ai lu cette dernière règle dans l'*Art poétique* de M. Boileau (3).

A. Vous avez raison : c'est un homme qui connaît bien, non-seulement le fond de la poésie, mais encore le but solide auquel la philosophie, supérieure à tous les arts, doit conduire le poëte.

B. Mais enfin, où me menez-vous donc?

A. Je ne vous mène plus ; vous allez tout seul (4) : vous voilà arrivé heureusement au terme. Ne m'avez-vous pas dit que vous ne souffrez point dans votre république des gens oisifs qui amusent les autres, et qui n'ont point d'autre métier que celui de parler? N'est-ce pas sur ce principe que vous chassez tous ceux qui représentent des tragédies, si l'instruction n'est mêlée au plaisir? Sera-t-il permis de faire en prose ce qui ne le sera pas en vers? Après cette sévérité, comment pourriez-vous faire grâce aux déclamateurs qui ne parlent que pour montrer leur bel esprit?

B. Mais les déclamateurs dont nous parlons ont deux desseins qui sont louables.

A. Expliquez-les.

B. Le premier est de travailler pour eux-mêmes : par

---

(1) *De Legib.*

(2) Cette théorie est celle d'Aristote. Il veut que la tragédie excite la terreur et la pitié : ἔλεος καὶ φόβος.

(3) Boileau, *Art poétique*, chant III, v. 17.

(4) C'est ce qu'Isocrate fait souvent remarquer dans les *Dialogues* de Platon à son interlocuteur.

là ils se procurent des établissements honnêtes. L'éloquence produit la réputation, et la réputation attire la fortune dont ils ont besoin.

A. Vous avez déjà répondu vous-même à votre objection. Ne disiez-vous pas qu'il faut non-seulement gagner sa vie, mais la gagner par des occupations utiles au public? Celui qui représenterait des tragédies sans y mêler l'instruction gagnerait sa vie; cette raison ne vous empêcherait pas pourtant de le chasser de votre république. Prenez, lui diriez-vous, un métier solide et réglé; n'amusez pas les citoyens. Si vous voulez tirer d'eux un profit légitime, travaillez à quelque bien effectif, ou à les rendre vertueux. Pourquoi ne direz-vous pas la même chose de l'orateur?

B. Nous voilà d'accord : la seconde raison que je voulais dire explique tout cela.

A. Comment? Dites-nous-la donc, s'il vous plaît.

B. C'est que l'orateur travaille même pour le public.

A. En quoi?

B. Il polit les esprits; il leur enseigne l'éloquence.

A. Attendez : si j'inventais un art chimérique, ou une langue imaginaire, dont on ne pût tirer aucun avantage, servirais-je le public en lui enseignant cet art ou cette langue?

B. Non, parce qu'on ne sert les autres qu'autant qu'on leur enseigne quelque chose d'utile.

A. Vous ne sauriez donc prouver solidement qu'un orateur sert le public en lui enseignant l'éloquence, si vous n'aviez déjà prouvé que l'éloquence sert elle-même à quelque chose. A quoi servent les beaux discours d'un homme, si ces discours, tout beaux qu'ils sont, ne font aucun bien au public? Les paroles, comme dit saint Augustin (1), sont faites pour les hommes, et non pas les hommes pour les paroles. Les discours servent, je le sais bien, à celui qui les fait; car ils éblouissent les auditeurs, ils font beaucoup parler de celui qui les a faits, et on

(1) *De Doctrina Christi*, lib. IV, n° 24.

est d'assez mauvais goût pour le récompenser de ses paroles inutiles (1). Mais cette éloquence mercenaire et in-
fructueuse au public doit-elle être soufferte dans l'État
que vous policez? Un cordonnier au moins fait des sou-
liers, et ne nourrit sa famille que d'un argent gagné en
servant le public pour de véritables besoins (2). Ainsi,
vous le voyez, les plus vils métiers ont une fin solide : et
il n'y aura que l'art des orateurs qui n'aura pour but que
d'amuser les hommes par des paroles ! Tout aboutira donc,
d'un côté, à satisfaire la curiosité et à entretenir l'oisiveté
de l'auditeur ; de l'autre, à contenter la vanité et l'ambition de celui qui parle ! Pour l'honneur de votre république, monsieur, ne souffrez jamais cet abus.

B. Hé bien ! je reconnais que l'orateur doit avoir pour
but d'instruire, et de rendre les hommes meilleurs.

A. Souvenez-vous bien de ce que vous m'accordez là;
vous en verrez les conséquences.

B. Mais cela n'empêche pas qu'un homme s'appliquant
à instruire les autres ne puisse être bien aise en même
temps d'acquérir de la réputation et du bien.

A. Nous ne parlons point encore ici comme chrétiens ;
je n'ai besoin que de la philosophie seule contre vous. Les
orateurs, je le répète, sont donc, selon vous, des gens qui
doivent instruire les autres hommes, et les rendre meilleurs qu'ils ne sont : voilà donc d'abord les déclamateurs
chassés. Il ne faudra même souffrir les panégyristes
qu'autant qu'ils proposeront des modèles dignes d'être
imités, et qu'ils rendront la vertu aimable par leurs
louanges.

B. Quoi! un panégyrique ne vaudra donc rien, s'il n'est
plein de morale ?

A. Ne l'avez-vous pas conclu vous-même? Il ne faut
parler que pour instruire ; il ne faut louer un héros que
pour apprendre ses vertus au peuple, que pour l'exciter

(1) C'est le tort dont s'est beaucoup plaint la Bruyère. Voyez,
dans ses *Caractères*, l'excellent chapitre sur la *Chaire*.

(2) Cette comparaison est du genre de celles que Platon emploie
souvent.

à les imiter, que pour montrer que (1) la gloire et la vertu sont inséparables : ainsi, il faut retrancher d'un panégyrique toutes les louanges vagues, excessives, flatteuses ; il n'y faut laisser aucune de ces pensées stériles qui ne concluent rien pour l'instruction de l'auditeur ; il faut que tout tende à lui faire aimer la vertu. Au contraire, la plupart des panégyristes semblent ne louer les vertus que pour louer les hommes qui les ont pratiquées, et dont ils ont entrepris l'éloge. Faut-il louer un homme ? ils élèvent les vertus qu'il a pratiquées au-dessus de toutes les autres. Mais chaque chose a son tour : dans une autre occasion, ils déprimeront les vertus qu'ils ont élevées, en faveur de quelque autre sujet qu'ils voudront flatter. C'est par ce principe que je blâmerai Pline (2). S'il avait loué Trajan pour former d'autres héros semblables à celui-là, ce serait une vue digne d'un orateur. Trajan, tout grand qu'il est, ne devrait pas être la fin de son discours. Trajan ne devrait être qu'un exemple proposé aux hommes pour les inviter à être vertueux. Quand un panégyriste n'a que cette vue basse de louer un seul homme, ce n'est plus que la flatterie qui parle à la vanité.

B. Mais que répondrez-vous sur les poëmes qui sont faits pour louer des héros ? Homère a son Achille, Virgile son Énée : voulez-vous condamner ces deux poëtes ?

A. Non, monsieur; mais vous n'avez qu'à examiner les desseins de leurs poëmes. Dans l'*Iliade*, Achille est, à la vérité, le premier héros; mais sa louange n'est pas la fin principale du poëme. Il est représenté naturellement avec tous ses défauts; ces défauts mêmes sont un des sujets sur lesquels le poëte a voulu instruire la postérité. Il s'agit dans cet ouvrage d'inspirer aux Grecs l'amour de la gloire que l'on acquiert dans les combats, et la crainte de la désunion comme de l'obstacle à tous les grands succès.

----

(1) *Que* pour montrer *que...* Au dix-septième siècle, la phrase était ainsi souvent surchargée. C'est ce qui faisait sans doute désirer à Fénelon que la langue fût plus précise et moins embarrassée.

(2) On pourrait blâmer également beaucoup d'auteurs modernes.

Ce dessein de morale est marqué visiblement dans tout ce poëme. Il est] vrai que l'*Odyssée* représente dans Ulysse un héros plus régulier et plus accompli ; mais c'est par hasard ; c'est qu'en effet un homme dont le caractère est la sagesse, tel qu'Ulysse, a une conduite plus exacte et plus uniforme qu'un jeune homme tel qu'Achille, d'un naturel bouillant et impétueux : ainsi Homère n'a songé, dans l'un et dans l'autre, qu'à peindre fidèlement la nature (1). Au reste, l'*Odyssée* renferme de tous côtés mille instructions morales pour tout le détail de la vie ; et il ne faut que lire, pour voir que le peintre n'a peint un homme sage, qui vient à bout de tout par sa sagesse, que pour apprendre à la postérité les fruits que l'on doit attendre de la piété, de la prudence et des bonnes mœurs (2). Virgile, dans l'*Énéide*, a imité l'*Odyssée* pour le caractère de son héros : il l'a fait modéré, pieux, et par conséquent égal à lui-même. Il est aisé de voir qu'Énée n'est pas son principal but ; il a regardé en ce héros le peuple romain, qui en devait descendre. Il a voulu montrer à ce peuple que son origine était divine, que les dieux lui avaient préparé de loin l'empire du monde ; et par là il a voulu exciter ce peuple à soutenir, par ses vertus, la gloire de sa destinée. Il ne pouvait jamais y avoir chez les païens une morale plus importante que celle-là. L'unique chose sur laquelle on peut soupçonner Virgile est d'avoir un peu trop songé à sa fortune dans ses vers, et d'avoir fait aboutir son poëme à la louange, peut-être un peu flatteuse, d'Auguste et de sa famille. Mais je ne voudrais pas pousser la critique si loin (3).

B. Quoi ! vous ne voulez pas qu'un poëte ni un orateur cherche honnêtement sa fortune ?

(1) Horace n'exige rien plus du poëte et de l'écrivain en général.
Aut famam sequere, aut sibi convenientia finge,
Scriptor.
De Arte poetica, v. 119 et seq.
(2) Horace exprime la même pensée, l, ép. II.
(3) On est en effet bien disposé à être indulgent pour le poëte, quand on se rappelle le caractère ombrageux de l'empereur et l'absolutisme de sa puissance.

A. Après notre digression sur les panégyriques, qui ne sera pas inutile, nous voila revenus à notre difficulté. Il s'agit de savoir si les orateurs doivent être désintéressés (1).

B. Je ne saurais le croire : vous renversez toutes les maximes communes.

A. Ne voulez-vous pas que, dans votre république, il soit défendu aux orateurs de dire autre chose que la vérité? Ne prétendez-vous pas qu'ils parleront toujours pour instruire, pour corriger les hommes, et pour affermir les lois?

B. Oui, sans doute.

A. Il faut donc que les orateurs ne craignent et n'espèrent rien de leurs auditeurs pour leur propre intérêt. Si vous admettez des orateurs ambitieux et mercenaires, s'opposeront-ils à toutes les passions des hommes? S'ils sont malades de l'avarice, de l'ambition, de la mollesse, en pourront-ils guérir les autres? S'ils cherchent les richesses, seront-ils propres à en détacher autrui? Je sais qu'on ne doit pas laisser un orateur vertueux et désintéressé manquer des choses nécessaires : aussi cela n'arrive-t-il jamais, s'il est vrai philosophe, c'est-à-dire tel qu'il doit être pour redresser les mœurs des hommes. Il mènera une vie simple, modeste, frugale, laborieuse; il lui faudra peu : ce peu ne lui manquera point, dût-il de ses propres mains le gagner; le surplus ne doit pas être sa récompense, et n'est pas digne de l'être. Le public lui pourra rendre des honneurs et lui donner de l'autorité; mais s'il est dégagé des passions et désintéressé, il n'usera de cette autorité que pour le bien public, prêt à la perdre toutes les fois qu'il ne pourra la conserver qu'en dissimulant, et en flattant les hommes. Ainsi l'orateur, pour être

(1) Dans le dialogue comme dans l'ode, un beau désordre peut être un effet de l'art; mais le désordre n'est beau qu'autant que les digressions sont plus apparentes que réelles. C'est ce qu'on peut ici remarquer. Fénelon paraît quelquefois s'écarter de son sujet; mais quand on y regarde de plus près, on voit que toutes ses pensées tendent au même but.

digne de persuader les peuples, doit être un homme in-
corruptible; sans cela, son talent et son art se tourneraient
en poison mortel contre la république même : de là vient
que, selon Cicéron, la première et la plus essentielle des
qualités d'un orateur est la vertu (1). Il faut une probité
qui soit à l'épreuve de tout, et qui puisse servir de modèle à tous les citoyens; sans cela, on ne peut paraître
persuadé, ni par conséquent persuader les autres.

B. Je conçois bien l'importance de ce que vous me
dites : mais, après tout, un homme ne pourra-t-il pas employer son talent pour s'élever aux honneurs?

A. Remontez toujours aux principes. Nous sommes
convenus que l'éloquence et la profession de l'orateur sont
consacrées à l'instruction et à la réformation des mœurs du
peuple. Pour le faire avec liberté et avec fruit, il faut qu'un
homme soit désintéressé ; il faut qu'il apprenne aux autres
le mépris de la mort, des richesses, des délices ; il faut qu'il
inspire la modestie, la frugalité, le désintéressement, le zèle
du bien public, l'attachement inviolable aux lois; il faut
que tout cela paraisse autant dans ses mœurs que dans ses
discours (2). Un homme qui songe à plaire pour sa fortune,
et qui par conséquent a besoin de ménager tout le monde,
peut-il prendre cette autorité sur les esprits? Quand
même il dirait tout ce qu'il faut dire, croirait-on ce que
dirait un homme qui ne paraîtrait pas le croire lui-même?

B. Mais il ne fait rien de mal en cherchant une fortune
dont je suppose qu'il a besoin.

A. N'importe : qu'il cherche par d'autres voies le bien
dont il a besoin pour vivre; il y a d'autres professions qui
peuvent le tirer de la pauvreté : s'il a besoin de quelque
chose, et qu'il soit réduit à l'attendre du public, il n'est
pas encore propre à être orateur. Dans votre république,
choisirez-vous pour juges des hommes pauvres, affamés?
Ne craindriez-vous pas que le besoin les réduirait à

_____

(1) Cicéron a défini l'orateur : *Vir bonus dicendi peritus.*
(2) Fénelon paraît surtout avoir ici en vue l'éloquence de la chaire.
Il énumère les vertus nécessaires au prédicateur, et il est amené à
en faire un apôtre.

quelque lâche complaisance? Ne prendriez-vous pas plutôt
des personnes considérables, et que la nécessité ne saurait
tenter ?

B. Je l'avoue.

A. Par la même raison, ne choisiriez-vous pas pour orateurs, c'est-à-dire pour maîtres, qui doivent instruire,
corriger et former les peuples, des gens qui n'eussent besoin de rien, et qui fussent désintéressés? et s'il y en avait
d'autres qui eussent du talent pour ces sortes d'emplois,
mais qui eussent encore des intérêts à ménager, n'atten-
driez-vous pas à employer leur éloquence jusqu'à ce qu'ils
auraient leur nécessaire, et qu'ils ne seraient plus suspects
d'aucun intérêt en parlant aux hommes ?

B. Mais il me semble que l'expérience de notre siècle
montre assez qu'un orateur peut parler fortement de morale, sans renoncer à sa fortune. Peut-on voir des peintures
morales plus sévères que celles qui sont en vogue (1)? On
ne s'en fâche point, on y prend plaisir; et celui qui les
fait ne laisse pas de s'élever dans le monde par ce chemin.

A. Les peintures morales n'ont point d'autorité pour
convertir, quand elles ne sont soutenues ni de principes
ni de bons exemples. Qui voyez-vous convertir par là? On
s'accoutume à entendre cette description; ce n'est qu'une
belle image qui passe devant les yeux (2); on écoute ces
discours comme on lirait une satire; on regarde celui qui
parle comme un homme qui joue bien une espèce de co-
médie; on croit bien plus ce qu'il fait que ce qu'il dit. Il
est intéressé, ambitieux, vain, attaché à une vie molle; il
ne quitte aucune des choses qu'il dit qu'il faut quitter :
on le laisse dire pour la cérémonie; mais on croit, on fait

(1) D'après la Bruyère, les portraits étaient de mode. «On court,
dit-il, ceux qui peignent en grand ou en miniature. »
(2) La Bruyère dit encore : « L'orateur fait de si belles images de
certains désordres, y fait entrer des circonstances si délicates, met
tant d'esprit, de tour et de raffinement dans celui qui pèche, que,
si je n'ai pas de pente à vouloir ressembler à ses portraits, j'ai besoin du moins que quelque apôtre, avec un style plus chrétien, me
dégoûte des vices dont l'on m'avait fait une peinture si agréable. »

comme lui. Ce qu'il y a de pis est qu'on s'accoutume par là à croire que cette sorte de gens ne parle pas de bonne foi : cela décrie leur ministère; et quand d'autres parlent après eux avec un zèle sincère, on ne peut se persuader que cela soit vrai.

B. J'avoue que vos principes se suivent, et qu'ils persuadent, quand on les examine attentivement : mais n'est-ce point par pur zèle de piété chrétienne que vous dites toutes ces choses?

A. Il n'est pas nécessaire d'être chrétien pour penser tout cela : il faut être chrétien pour le bien pratiquer, car la grâce seule peut réprimer l'amour-propre; mais il ne faut être que raisonnable pour reconnaître ces vérités-là. Tantôt je vous citais Socrate et Platon, vous n'avez pas voulu déférer à leur autorité; maintenant que la raison commence à vous persuader, et que vous n'avez plus besoin d'autorités, que direz-vous, si je vous montre que ce raisonnement est le leur?

B. Le leur! est-il possible? J'en serai fort aise.

A. Platon fait parler Socrate avec un orateur nommé Gorgias, et avec un disciple de Gorgias, nommé Calliclès. Ce Gorgias était un homme très-célèbre (1); Isocrate, dont nous avons tant parlé, fut son disciple. Ce Gorgias fut le premier, dit Cicéron, qui se vanta de parler éloquemment de tout (2); dans la suite, les rhéteurs grecs imitaient cette vanité. Revenons au dialogue de Gorgias et de Calliclès. Ces deux hommes discouraient élégamment sur toutes choses, selon la méthode du premier; c'étaient de ces beaux esprits qui brillent dans les conversations, et qui n'ont d'autre emploi que celui de bien parler : mais il paraît qu'ils manquaient de ce que Socrate cherchait dans les hommes, c'est-à-dire des vrais principes de la morale et des règles d'un raisonnement exact et sérieux (3). Après que l'auteur a bien fait sentir le ridi-

(1) Gorgias fut le premier rhéteur d'Athènes.
(2) Cicero, de Inventione, I, c. v.
(3) Ils soutenaient le *pour* et le *contre* sur toute espèce de sujet, et abusaient ainsi du raisonnement de la manière la plus étrange.

cule de leur caractère d'esprit, il vous dépeint Socrate, qui, semblant se jouer, réduit plaisamment les deux orateurs à ne pouvoir dire ce que c'est que l'éloquence. Ensuite Socrate montre que la rhétorique, c'est-à-dire l'art de ces orateurs-là, n'est pas un art véritable : il appelle l'art *une discipline réglée, qui apprend aux hommes à faire quelque chose qui soit utile à les rendre meilleurs qu'ils ne sont.* Par là il montre qu'il n'appelle arts que les arts libéraux, et que ces arts dégénèrent toutes les fois qu'on les rapporte à une autre fin qu'à former les hommes à la vertu. Il prouve que les rhéteurs n'ont point ce but-là; il fait voir même que Thémistocle et Périclès ne l'ont point eu, et par conséquent n'ont point été de vrais orateurs. Il dit que ces hommes célèbres n'ont songé qu'à persuader aux Athéniens de faire des ports, des murailles, et de remporter des victoires. Ils n'ont, dit-il, rendu leurs citoyens que riches, puissants, belliqueux, et ils en ont été ensuite maltraités : en cela ils n'ont eu que ce qu'ils méritaient. S'ils les avaient rendus bons par leur éloquence, leur récompense eût été certaine. Qui fait les hommes bons et vertueux est sûr, après son travail, de ne trouver point des ingrats, puisque la vertu et l'ingratitude sont incompatibles. Il ne faut point vous rapporter tout ce qu'il dit sur l'inutilité de cette rhétorique, parce que tout ce que je vous en ai dit comme de moi-même est tiré de lui; il vaut mieux vous raconter ce qu'il dit sur les maux que ces vains rhéteurs causent dans une république.

B. Je comprends bien que ces rhéteurs étaient à craindre dans les républiques de la Grèce, où ils pouvaient séduire le peuple et s'emparer de la tyrannie.

A. En effet, c'est principalement de cet inconvénient que parle Socrate; mais les principes qu'il donne en cette occasion s'étendent plus loin. Au reste, quand nous parlons ici, vous et moi, d'une république à policer, il s'agit non-seulement des États où le peuple gouverne, mais encore de tout État soit populaire, soit gouverné par plusieurs chefs, soit monarchique; ainsi je ne touche pas à la forme du gouvernement : en tous pays les règles de Socrate sont d'usage.

B. Expliquez-les donc, s'il vous plaît.

A. Il dit que l'homme étant composé de corps et d'esprit, il faut cultiver l'un et l'autre. Il y a deux arts pour l'esprit, et deux arts pour le corps. Les deux de l'esprit (1) sont la science des lois et la jurisprudence (2). Par la science des lois, il comprend tous les principes de philosophie pour régler les sentiments et les mœurs des particuliers et de toute la république. La jurisprudence est le remède dont on doit se servir pour réprimer la mauvaise foi et l'injustice des citoyens; c'est par elle qu'on juge les procès et qu'on punit les crimes. Ainsi, la science des lois doit servir à prévenir le mal, et la jurisprudence à le corriger. Il y a deux arts semblables pour les corps : la gymnastique, qui les exerce, qui les rend sains, proportionnés, agiles, vigoureux, pleins de force et de bonne grâce (vous savez, monsieur, que les anciens se servaient merveilleusement de cet art que nous avons perdu) : puis la médecine, qui guérit les corps lorsqu'ils ont perdu la santé. La gymnastique est pour les corps ce que la science des lois est pour l'âme; elle forme, elle perfectionne. La médecine est aussi pour le corps ce que la jurisprudence est pour l'âme ; elle corrige, elle guérit. Mais cette institution si pure s'est altérée, dit Socrate. A la place de la science des lois, on a mis la vaine subtilité des sophistes, faux philosophes qui abusent du raisonnement, et qui, manquant des vrais principes pour le bien public, tendent à leurs fins particulières. A la jurisprudence, dit-il encore, a succédé le faste des rhéteurs, gens qui ont voulu plaire et éblouir : au lieu de la jurisprudence, qui devait être la médecine de l'âme, et dont il ne fallait se servir que pour guérir les passions des hommes, on voit de faux orateurs qui n'ont songé qu'à

---

(1) Tournure elliptique fréquemment employée au dix-septième siècle.

(2) Si c'était ici le lieu, nous ferions remarquer tout ce que cette théorie a d'incomplet et de défectueux.

leur réputation. A la gymnastique, ajoute encore Socrate, on a fait succéder l'art de farder les corps, et de leur donner une fausse et trompeuse beauté : au lieu qu'on ne devait chercher qu'une beauté simple et naturelle, qui vient de la santé et de la proportion de tous les membres: ce qui ne s'acquiert et ne s'entretient que par le régime et l'exercice. A la médecine on a fait aussi succéder l'invention des mets délicieux et de tous les ragoûts qui excitent l'appétit des hommes ; et, au lieu de purger l'homme plein d'humeurs pour lui rendre la santé, et par la santé l'appétit, on force la nature, on lui fait un appétit artificiel par toutes les choses contraires à la tempérance. C'est ainsi que Socrate remarquait le désordre des mœurs de son temps ; et il conclut en disant que les orateurs, qui, dans la vue de guérir les hommes, devaient leur dire, même avec autorité, des vérités désagréables, et leur donner ainsi des médecines amères, ont au contraire fait pour l'âme comme les cuisiniers pour le corps. Leur rhétorique n'a été qu'un art de faire des ragoûts pour flatter les hommes malades : on ne s'est mis en peine que de plaire, que d'exciter la curiosité et l'admiration ; les orateurs n'ont parlé que pour eux. Il finit en demandant où sont les citoyens que ces rhéteurs ont guéris de leurs mauvaises habitudes, où sont les gens qu'ils ont rendus tempérants et vertueux. Ne croyez-vous pas entendre un homme de notre siècle qui voit ce qui s'y passe, et qui parle des abus présents? Après avoir entendu ce païen, que direz-vous de cette éloquence qui ne va qu'à plaire et qu'à faire de belles peintures, lorsqu'il faudrait, comme il le dit lui-même, brûler, couper jusqu'au vif, et chercher sérieusement la guérison par l'amertume des remèdes et par la sévérité du régime? Mais jugez de ces choses par vous-même : trouveriez-vous bon qu'un médecin qui vous traiterait s'amusât, dans l'extrémité de votre maladie, à débiter des phrases élégantes et des pensées subtiles? Que penseriez-vous d'un avocat qui, plaidant une cause où il s'agirait de tout le bien de votre famille, ou de votre propre vie, ferait le bel esprit, et rem-

4

plirait son plaidoyer de fleurs et d'ornements, au lieu de raisonner avec force et d'exciter la compassion des juges ? L'amour du bien et de la vie fait assez sentir ce ridicule-là ; mais l'indifférence où l'on vit pour les bonnes mœurs et pour la religion fait qu'on ne le remarque point dans les orateurs (1), qui devraient être les censeurs et les médecins du peuple. Ce que vous avez vu qu'en pensait Socrate doit nous faire honte.

B. Je vois bien maintenant, selon vos principes, que les orateurs devraient être les défenseurs des lois, et les maîtres des peuples pour leur enseigner la vertu ; mais l'éloquence du barreau, chez les Romains, n'allait pas jusque-là.

A. C'était sans doute son but, monsieur : les orateurs devaient protéger l'innocence et les droits des particuliers, lorsqu'ils n'avaient point d'occasion de représenter dans leurs discours les besoins généraux de la république ; de là vient que cette profession fut si honorée, et que Cicéron nous donne une si haute idée du véritable orateur (2).

B. Mais voyons donc de quelle manière ces orateurs doivent parler ; je vous supplie de m'expliquer vos vues là-dessus.

A. Je ne vous dirai pas les miennes ; je continuerai à vous parler selon les règles que les anciens nous donnent. Je ne vous dirai même que les principales choses, car vous n'attendez pas que je vous explique par ordre le détail presque infini des préceptes de la rhétorique : il y en a beaucoup d'inutiles ; vous les avez lus dans les livres où ils sont amplement exposés (3) : contentons-nous de parler de ce qui est le plus important. Platon, dans son dialogue où il fait parler Socrate avec Phèdre, montre que le grand défaut des rhéteurs est de chercher l'art de persuader avant

(1) La Bruyère disait : « On n'écoute plus sérieusement la parole sainte : c'est une sorte d'amusement entre mille autres ; c'est un jeu où il y a de l'émulation et des parieurs.

(2) Voyez Cicéron, de Oratore.

(3) Aujourd'hui les ouvrages élémentaires que nous avons sur cette matière ne sont ni assez simples ni assez substantiels. Au XVIIe siècle, ils étaient encore infiniment plus surchargés.

que d'avoir appris, par les principes de la philosophie, quelles sont les choses qu'il faut tâcher de persuader aux hommes. Il veut que l'orateur ait commencé par l'étude de l'homme en général; qu'après il se soit appliqué à la connaissance des hommes en particulier, auxquels il doit parler. Ainsi il faut savoir ce que c'est que l'homme, sa fin, ses intérêts véritables; de quoi il est composé, c'est-à-dire de corps et d'esprit; la véritable manière de le rendre heureux; quelles sont ses passions, les excès qu'elles peuvent avoir, la manière de les régler, comment on peut les exciter utilement pour lui faire aimer le bien; les règles qui sont propres à le faire vivre en paix et à entretenir la société (1). Après cette étude générale vient la particulière (2) : il faut connaître les lois et les coutumes de son pays, le rapport qu'elles ont avec le tempérament des peuples, les mœurs de chaque condition, les éducations différentes, les préjugés et les intérêts qui dominent dans le siècle où l'on vit, le moyen d'instruire et de redresser les esprits. Vous voyez que ces connaissances comprennent toute la philosophie la plus solide (3). Ainsi Platon montre par là qu'il n'appartient qu'au philosophe d'être véritable orateur : c'est en ce sens qu'il faut expliquer tout ce qu'il dit, dans le dialogue de Gorgias, contre les rhéteurs, c'est-à-dire contre cette espèce de gens qui s'étaient fait un art de bien parler et de persuader, sans se mettre en peine de savoir par principe ce qu'on doit tâcher de persuader aux hommes. Ainsi tout le véritable art, selon Platon, se réduit à bien savoir ce qu'il faut persuader, et à bien connaître les passions des hommes, et la manière de les émouvoir pour arriver à la persuasion. Cicéron a presque dit les mêmes choses. Il semble d'abord vouloir

---

(1) Les anciens mettaient, pour ces motifs, l'étude de l'éloquence après celle de la philosophie. Nous avons interverti cet ordre, mais il serait difficile de justifier cette innovation.

(2) Locution très-employée au dix-septième siècle.

(3) Horace dit la même chose :

Scribendi recte sapere est et principium et fons.

De Art. poet, v. 309 et seq.

que l'orateur n'ignore rien, parce que l'orateur peut avoir
besoin de parler de tout, et qu'on ne parle jamais bien,
dit-il après Socrate, que de ce qu'on sait bien. Ensuite il
se réduit, à cause des besoins pressants et de la brièveté
de la vie, aux connaissances les plus nécessaires. Il veut
au moins qu'un orateur sache bien toute cette partie de la
philosophie qui regarde les mœurs, ne lui permettant
d'ignorer que les curiosités de l'astrologie et des mathé-
matiques : surtout il veut qu'il connaisse la composition de
l'homme et la nature de ses passions, parce que l'éloquence
a pour but d'en mouvoir à propos les ressorts. Pour la
connaissance des lois, il la demande à l'orateur, comme
le fondement de tous ses discours; seulement il permet
qu'il n'ait pas passé sa vie à approfondir toutes les questions de la jurisprudence pour le détail des causes, parce
qu'il peut, dans le besoin, recourir aux profonds jurisconsultes pour suppléer ce qui lui manquerait de ce côté-là (1).
Il demande, comme Platon, que l'orateur soit bon dialec-
ticien ; qu'il sache définir, prouver, démêler les plus subtils sophismes. Il dit que c'est détruire la rhétorique de
la séparer de la philosophie; que c'est faire, des orateurs,
des déclamateurs puérils sans jugement. Non-seulement il
veut une connaissance exacte de tous les principes de la
morale, mais encore une étude particulière de l'antiquité.
Il recommande la lecture des anciens Grecs ; il veut qu'on
étudie les historiens, non-seulement pour leur style, mais
encore pour les faits de l'histoire ; surtout il exige l'étude
des poëtes, à cause du grand rapport qu'il y a entre les figures de la poésie et celles de l'éloquence. En un mot, il répète souvent que l'orateur doit se remplir l'esprit de choses
avant que de parler. Je crois que je me souviendrai de ses
propres termes, tant je les ai relus, et tant ils m'ont fait

(1) Ceci ne serait pas applicable, du moins sans restrictions, au
barreau moderne. Dans le barreau ancien, il n'était pas nécessaire
que l'orateur connût parfaitement les lois; il se faisait éclairer
suffisamment par les jurisconsultes avant de défendre sa cause. Aujourd'hui que la loi seule décide, il faut à l'avocat une connaissance
toute spéciale des articles du code et de leur interprétation.

d'impression; vous serez surpris de tout ce qu'il demande. L'orateur, dit-il, doit avoir la subtilité des dialecticiens, la science des philosophes, la diction presque des poëtes, la voix et les gestes des plus grands acteurs (1). Voyez quelle préparation il faut pour tout cela.

C. Effectivement, j'ai remarqué, en bien des occasions, que ce qui manque le plus à certains orateurs, qui ont d'ailleurs beaucoup de talents, c'est le fonds de science (2) : leur esprit paraît vide; on voit qu'ils ont eu bien de la peine à trouver de quoi remplir leurs discours; il semble même qu'ils ne parlent pas parce qu'ils sont remplis de vérités, mais qu'ils cherchent les vérités à mesure qu'ils veulent parler.

A. C'est ce que Cicéron appelle des gens qui vivent au jour la journée, sans nulle provision : malgré tous leurs efforts, leurs discours paraissent toujours maigres et affamés. Il n'est pas temps de se préparer trois mois avant que de faire un discours public : ces préparations particulières, quelque pénibles qu'elles soient, sont nécessairement très-imparfaites, et un habile homme en remarque bientôt le faible; il faut avoir passé plusieurs années à faire un fonds abondant (3). Après cette préparation générale, les préparations particulières coûtent peu : au lieu que, quand on ne s'applique qu'à des actions détachées, on est réduit à payer de phrases et d'antithèses; on ne traite que des lieux communs, on ne dit rien que de vague, on coud des lambeaux qui ne sont point faits les uns pour les autres (4); on ne montre point les vrais principes des choses, on se borne à des raisons superfi-

(1) « In oratore animus dialecticorum, sententiæ philosophorum, verba prope poetarum, memoria jurisconsultorum, vox tragœdorum, gestus pene summorum actorum est requirendus. » *De Orat.*, I, c. 28.

(2) Cet interlocuteur, tenant plus au fond qu'à la forme, devait tout naturellement faire cette réflexion.

(3) On retrouve ces mêmes observations dans la *Lettre à l'Académie.*

(4)   *Unus et alter*
            Assuitur pannus......
                         De Arte poet., v. 16 et 16.

cielles, et souvent fausses; on n'est pas capable de montrer l'étendue des vérités, parce que toutes les vérités générales ont un enchaînement nécessaire, et qu'il les faut connaître presque toutes pour en traiter solidement une en particulier.

C. Cependant la plupart des gens qui parlent en public acquièrent beaucoup de réputation sans autre fonds que celui-là.

A. Il est vrai qu'ils sont applaudis par des femmes et par le gros du monde, qui se laissent aisément éblouir; mais cela ne va jamais qu'à une certaine vogue capricieuse, qui a besoin même d'être soutenue par quelque cabale. Les gens qui savent les règles et qui connaissent le but de l'éloquence n'ont que du dégoût et du mépris pour ces discours en l'air (1); ils s'y ennuient beaucoup.

C. Vous voudriez qu'un homme attendît bien tard à parler en public: sa jeunesse serait passée avant qu'il eût acquis le fonds que vous lui demandez, et il ne serait plus en âge de l'exercer.

A. Je voudrais qu'il s'exerçât de bonne heure, car je n'ignore pas ce que peut l'action; mais je ne voudrais pas que, sous prétexte de s'exercer, il se jetât d'abord dans les emplois extérieurs qui ôtent la liberté d'étudier. Un jeune homme pourrait, de temps en temps, faire des essais; mais il faudrait que l'étude des bons livres fût longtemps son occupation principale.

C. Je crois ce que vous dites. Cela me fait souvenir d'un prédicateur de mes amis, qui vit, comme vous disiez, au jour la journée: il ne songe à une matière que quand il est engagé à la traiter; il se renferme dans son cabinet, il feuillette la Concordance (2), Combéfis (3),

---

(1) Malheureusement c'est le moins grand nombre, et ils ne sont pas toujours maîtres de l'opinion.

(2) C'est un répertoire où l'on trouve par ordre alphabétique tous les mots de la Bible, avec les indications nécessaires de tous les passages qu'on désire.

(3) Combéfis a recueilli, sous le titre de *Bibliotheca Patrum concionatoria*, toutes les homélies des Pères. Ce recueil, qui com-

Polyanthea (1), quelques sermonnaires qu'il a achetés, et certaines collections qu'il a faites de passages détachés et trouvés comme par hasard.

A. Vous comprenez bien que tout cela ne saurait faire un habile homme. En cet état on ne peut rien dire avec force, on n'est sûr de rien, tout a un air d'emprunt et de pièces rapportées, rien ne coule de source. On se fait grand tort à soi-même d'avoir tant d'impatience de se produire.

B. Dites-nous donc, avant que de nous quitter, quel est, selon vous, le grand effet de l'éloquence.

A. Platon dit qu'un discours n'est éloquent qu'autant qu'il agit dans l'âme de l'auditeur : par là vous pouvez juger sûrement de tous les discours que vous entendez. Tout discours qui vous laissera froid, qui ne fera qu'amuser votre esprit, et qui ne remuera point vos entrailles, votre cœur, quelque beau qu'il paraisse, ne sera point éloquent. Voulez-vous entendre Cicéron parler comme Platon en cette matière? Il vous dira que toute la force de la parole ne doit tendre qu'à mouvoir les ressorts cachés que la nature a mis dans le cœur des hommes. Ainsi consultez-vous vous-même, pour savoir si les orateurs que vous écoutez font bien. S'ils font une vive impression sur vous, s'ils rendent votre âme attentive et sensible aux choses qu'ils disent, s'ils vous échauffent et vous enlèvent au-dessus de vous-même, croyez hardiment qu'ils ont atteint le but de l'éloquence. Si, au lieu de vous attendrir, ou de vous inspirer de fortes passions, ils ne font que vous plaire et que vous faire admirer l'éclat et la justesse de leurs pensées et de leurs expressions, dites que ce sont de faux orateurs.

B. Attendez un peu, s'il vous plaît; permettez-moi de vous faire encore quelques questions.

prend sept volumes in-folio, est d'un très-grand secours pour les prédicateurs.

(1) La *Polyanthée.* C'est un recueil de passages empruntés aux écrivains sacrés et profanes.

A. Je voudrais pouvoir attendre, car je me trouve bien ici; mais j'ai une affaire que je ne puis remettre. Demain je reviendrai vous voir, et nous achèverons cette matière plus à loisir.

B. Adieu donc, monsieur, jusqu'à demain.

DIALOGUE II.

ARGUMENT.

L'éloquence a pour but de convaincre et de persuader. Pour atteindre ce but, il faut *prouver*, *peindre* et *toucher*. Prouver,
c'est convaincre. Peindre, c'est représenter les choses dont on
parle d'une manière si vive et si subtile, que l'auditeur croit
les avoir sous les yeux. Toucher, c'est imprimer dans l'esprit
de l'auditeur des mouvements qui soient conformes au dessein
de celui qui parle, de manière à le persuader. Pour toucher, il
faut que l'orateur ait une action puissante, c'est-à-dire que tous
les mouvements de son corps soient la peinture des pensées et
des sentiments de son âme. L'action a besoin d'être variée comme
les choses que l'orateur exprime, et son premier mérite est d'être
naturelle. Elle est souvent vicieuse, parce que l'orateur débite
son discours par cœur, comme un écolier sa leçon. Il vaudrait
mieux avoir pour méthode de se pénétrer vivement de son sujet,
d'en méditer toutes les parties, de prévoir l'ordre dans lequel on
traitera chaque chose, de préparer un certain nombre de figures
frappantes, et de parler ensuite d'inspiration. Le langage serait
par là même mieux approprié aux dispositions de l'auditoire, et
produirait conséquemment un plus grand effet. On ferait bien
aussi de s'affranchir de ces divisions scolastiques qui morcellent
le discours, en arrêtent le mouvement, et refroidissent l'action.
Il faudrait aussi bannir tous ces jeux de mots, toutes ces antithèses et tous ces ornements frivoles qui sentent la recherche et
l'affectation. L'élocution serait plus simple, plus claire, plus facile, plus naturelle, et se rapprocherait par là même du style des
anciens.

B. Vous êtes un aimable homme d'être revenu si ponc-
tuellement; la conversation d'hier nous a laissés en impatience d'en voir la suite.

C. Pour moi, je suis venu à la hâte, de peur d'arriver
trop tard, car je ne veux rien perdre.

A. Ces sortes d'entretiens ne sont pas inutiles : on se
communique mutuellement ses pensées; chacun dit ce
qu'il a lu de meilleur. Pour moi, messieurs, je profite

beaucoup à raisonner avec vous, vous souffrez mes libertés.

B. Laissez là le compliment : pour moi, je me fais justice, et je vois bien que sans vous je serais encore enfoncé dans plusieurs erreurs. Achevez, je vous prie, de m'en tirer.

A. Vos erreurs, si vous me permettez de parler ainsi, sont celles de la plupart des honnêtes gens qui n'ont point approfondi ces matières.

B. Achevez donc de me guérir : nous aurons mille choses à dire, ne perdons point de temps, et sans préambule venons au fait.

A. De quoi parlions-nous hier quand nous nous séparâmes ? De bonne foi, je ne m'en souviens plus.

C. Vous parliez de l'éloquence, qui consiste toute à émouvoir.

B. Oui : j'avais peine à comprendre cela ; comment l'entendez-vous ?

A. Le voici. Que diriez-vous d'un homme qui persuaderait sans prouver ? Ce ne serait pas là le vrai orateur ; il pourrait séduire les autres hommes, ayant l'intention de les persuader sans leur montrer que ce qu'il leur persuaderait serait la vérité. Un tel homme serait dangereux dans la république ; c'est ce que nous avons vu dans les raisonnements de Socrate (1).

B. J'en conviens.

A. Mais que diriez-vous d'un homme qui prouverait la vérité d'une manière exacte, sèche, nue, qui mettrait ses arguments en bonne forme, ou qui se servirait de la méthode des géomètres dans ses discours publics, sans y ajouter rien de vif et de figuré ? Serait-ce un orateur ?

B. Non, ce ne serait qu'un philosophe.

A. Il faut donc, pour faire un orateur, choisir un philosophe, c'est-à-dire un homme qui sache prouver la vérité, et ajouter à l'exactitude de ses raisonnements la

_____

(1) Voyez plus haut, dans le dialogue Ier, pag 54 et suiv.

beauté et la véhémence d'un discours varié, pour en faire
un orateur (1)?

B. Oui, sans doute.

A. Et c'est en cela que consiste la différence de la conviction de la philosophie, et de la persuasion de l'éloquence.

B. Comment dites-vous? Je n'ai pas bien compris.

A. Je dis que le philosophe ne fait que convaincre, et
que l'orateur, outre qu'il convainc, persuade.

B. Je n'entends pas bien encore. Que reste-t-il à faire
quand l'auditeur est convaincu?

A. Il reste à faire ce que ferait un orateur plus qu'un
métaphysicien, en vous montrant l'existence de Dieu. Le
métaphysicien vous fera une démonstration simple, qui ne
va qu'à la spéculation (2) : l'orateur y ajoutera tout ce qui
peut exciter en vous des sentiments, et vous faire aimer
la vérité prouvée; c'est ce qu'on appelle persuasion.

B. J'entends à cette heure votre pensée.

A. Cicéron a eu raison de dire qu'il ne fallait jamais
séparer la philosophie de l'éloquence : car le talent de
persuader sans science et sans sagesse est pernicieux; et
la sagesse, sans art de persuader, n'est point capable de
gagner les hommes et de faire entrer la vertu dans les
cœurs. Il est bon de remarquer cela en passant, pour
comprendre combien les gens du dernier siècle se sont
trompés. Il y avait, d'un côté, des savants à belles-lettres
qui ne cherchaient que la pureté des langues et les livres
poliment écrits; ceux-là, sans principes solides de doctrine, avec leur politesse et leur érudition, ont été la
plupart libertins (3). D'un autre côté, on voyait des
scolastiques secs et épineux, qui proposaient la vérité

(1) D'après ce raisonnement, on devrait toujours étudier la philosophie avant l'éloquence.

(2) On admet ce qu'il dit, on le croit, mais on ne conforme pas
sa conduite à cette croyance.

(3) C'est-à-dire des hommes sans foi. On appelait alors du nom
de *libertins* ceux qui s'étaient affranchis du joug de la foi; maintenant on réserve cette qualification pour ceux qui ont rejeté toute
morale.

d'une manière si désagréable et si peu sensible, qu'ils rebutaient presque tout le monde (1). Pardonnez-moi cette digression; je reviens à mon but. La persuasion a donc au-dessus de la simple conviction (2), que non-seulement elle fait voir la vérité, mais qu'elle la dépeint aimable, et qu'elle émeut les hommes en sa faveur : ainsi, dans l'éloquence, tout consiste à ajouter à la preuve solide les moyens d'intéresser l'auditeur, et d'employer ses passions pour le dessein qu'on se propose. On lui inspire l'indignation contre l'ingratitude, l'horreur contre la cruauté, la compassion pour la misère, l'amour pour la vertu, et le reste de même. Voilà ce que Platon appelle agir sur l'âme de l'auditeur et émouvoir ses entrailles. L'entendez-vous maintenant ?

B. Oui, je l'entends : et je vois bien par là que l'éloquence n'est point une invention frivole pour éblouir les hommes par des discours brillants; c'est un art très-sérieux, et très-utile à la morale.

A. De là vient ce que dit Cicéron, qu'il a vu bien des gens diserts, c'est-à-dire qui parlaient avec agrément et d'une manière élégante ; mais qu'on ne voit presque jamais de vrai orateur (3), c'est-à-dire d'homme qui sache entrer dans le cœur des autres, et qui les entraîne.

B. Je ne m'en étonne plus, et je vois bien qu'il n'y a presque personne qui tende à ce but. Je vous avoue que Cicéron même, qui posa cette règle, semble s'en être écarté souvent. Que dites-vous de toutes les fleurs dont il a orné ses harangues ? Il me semble que l'esprit s'y amuse, et que le cœur n'en est point ému.

A. Il faut distinguer, monsieur. Les pièces de Cicéron encore jeune, où il ne s'intéresse que pour sa réputation, ont souvent ce défaut : il paraît bien qu'il est plus occupé du désir d'être admiré, que de la justice de sa cause. C'est ce qui arrivera toujours, lorsqu'une partie emploiera, pour

---

(1) Ce défaut était celui de presque tous les théologiens.

(2) *A donc au-dessus... que.* Mauvaise locution qu'on ne pourrait plus employer.

(3) *Orator*, c. v.

plaider sa cause, un homme qui ne se soucie de son affaire que pour remplir sa profession avec éclat : aussi
voyons-nous que la plaidoirie se tournait souvent, chez
les Romains, en déclamation fastueuse. Mais, après tout,
il faut avouer qu'il y a dans ces harangues, même les plus
fleuries, bien de l'art pour persuader et pour émouvoir.
Ce n'est pourtant pas par cet endroit qu'il faut voir Cicéron pour le bien connaître ; c'est dans les harangues qu'il
a faites, dans un âge plus avancé, pour les besoins de la
république : alors l'expérience des grandes affaires, l'a-
mour de la liberté, la crainte des malheurs dont il était
menacé, lui faisaient faire des efforts dignes d'un orateur.
Lorsqu'il s'agit de soutenir la liberté mourante, et d'animer toute la république contre Antoine son ennemi,
vous ne le voyez plus chercher des jeux d'esprit et des antithèses : c'est là qu'il est véritablement éloquent ; tout y
est négligé, comme il dit lui-même, dans l'*Orateur*,
qu'on le doit être lorsqu'il s'agit d'être véhément : c'est
un homme qui cherche simplement dans la seule nature
tout ce qui est capable de saisir, d'animer et d'entraîner
les hommes.

C. Vous nous avez parlé souvent des jeux d'esprit, je
voudrais bien savoir ce que c'est précisément ; car je vous
avoue que j'ai peine à distinguer, dans l'occasion, les jeux
d'esprit d'avec les autres ornements du discours : il me
semble que l'esprit se joue dans tous les discours ornés (1).

A. Pardonnez-moi : il y a, selon Cicéron même, des expressions dont tout l'ornement naît de leur force et de la
nature du sujet (2).

C. Je n'entends point tous ces termes de l'art ; expli-
quez-moi, s'il vous plaît, familièrement à quoi je pourrai d'abord reconnaître un jeu d'esprit et un ornement
solide.

(1) Jusqu'alors Fénelon a combattu celui de ses interlocuteurs
qui tenait aux ornements affectés ; maintenant il va combattre celui dont l'excessive austérité aurait voulu exclure du discours toute
espèce d'ornements.
(2) *De Oratore*, III, cap. 25.

A. La lecture et la réflexion pourront vous l'apprendre ; il y a cent manières différentes de jeux d'esprit.

C. Mais encore : de grâce, quelle en est la marque générale? Est-ce l'affectation?

A. Ce n'est pas toute sorte d'affectation (1); mais c'est celle de vouloir plaire et montrer son esprit.

C. C'est quelque chose : mais je voudrais encore des marques plus précises pour aider mon discernement.

A. Hé bien! en voici une qui vous contentera peut-être. Nous avons déjà dit que l'éloquence consiste, non-seulement dans la preuve, mais encore dans l'art d'exciter les passions. Pour les exciter, il faut les peindre ; ainsi je crois que toute l'éloquence se réduit à prouver, à peindre et à toucher. Toutes les pensées brillantes qui ne vont point à une de ces trois choses ne sont que jeu d'esprit.

C. Qu'appelez-vous peindre? Je n'entends point tout votre langage.

A. Peindre, c'est non-seulement décrire les choses, mais en représenter les circonstances d'une manière si vive et si sensible, que l'auditeur s'imagine presque les voir. Par exemple, un froid historien qui raconterait la mort de Didon se contenterait de dire : Elle fut si accablée de douleur après le départ d'Énée, qu'elle ne put supporter la vie ; elle monta au haut de son palais, elle se mit sur un bûcher, et se tua elle-même. En écoutant ces paroles vous apprenez le fait, mais vous ne le voyez pas. Ecoutez Virgile, il le mettra devant vos yeux. N'est-il pas vrai que quand il ramasse toutes les circonstances de ce désespoir, qu'il vous montre Didon furieuse avec un visage où la mort est déjà peinte, qu'il la fait parler à la vue de ce portrait et de cette épée (2), votre imagination vous transporte à Carthage ; vous croyez voir la flotte des Troyens qui fuit le rivage, et la reine que rien n'est capable de consoler (3) : vous entrez dans tous les sentiments qu'eurent alors les véritables spectateurs. Ce n'est plus Virgile

1) On peut observer ici la sagesse de Fénelon, qui évite toujours tous les excès.

(2. Le portrait et l'épée du pieux Énée.

(3) *Énéid.*, liv. IV. v. 381.

que vous écoutez ; vous êtes trop attentif aux dernières
paroles de la malheureuse Didon pour penser à lui. Le
poëte disparaît ; on ne voit plus que ce qu'il fait voir, on
n'entend plus que ceux qu'il fait parler. Voilà la force
de l'imitation et de la peinture. De là vient qu'un peintre
et un poëte ont tant de rapport (1) : l'un peint pour les
yeux, l'autre pour les oreilles ; l'un et l'autre doivent
porter les objets dans l'imagination des hommes. Je vous
ai cité un exemple tiré d'un poëte, pour vous faire
mieux entendre la chose ; car la peinture est encore plus
vive et plus forte dans les poëtes que dans les orateurs. La poésie ne diffère de la simple éloquence, qu'en
ce qu'elle peint avec enthousiasme et par des traits plus
hardis. La prose a ses peintures, quoique plus modérées :
sans ces peintures, on ne peut échauffer l'imagination de
l'auditeur, ni exciter ses passions. Un récit simple ne
peut émouvoir : il faut non-seulement instruire les auditeurs des faits, mais les leur rendre sensibles, et frapper
leurs sens par une représentation parfaite de la manière
touchante dont ils sont arrivés.

C. Je n'avais jamais compris tout cela. Je vois bien
maintenant que ce que vous appelez peinture est essentiel à l'éloquence ; mais vous me feriez croire qu'il n'y a
point d'éloquence sans poésie.

A. Vous pouvez le croire hardiment. Il en faut retrancher la versification, c'est-à-dire le nombre réglé de certaines syllabes, dans lequel le poëte renferme ses pensées.
Le vulgaire ignorant s'imagine que c'est là la poésie : on croit
être poëte quand on a parlé ou écrit en mesurant ses paroles. Au contraire, bien des gens font des vers sans poésie ;
et beaucoup d'autres sont pleins de poésie sans faire des
vers : laissons donc la versification (2). Pour tout le reste,
la poésie n'est autre chose qu'une fiction vive qui peint

(1)   Ut pictura poesis.

Art. poet., v. 361.

(2) Il ne faut cependant pas la dédaigner. Si elle ne suffit point
pour créer la poésie, elle y contribue.

la nature. Si on n'a ce génie de peindre, jamais on n'imprime les choses dans l'âme de l'auditeur ; tout est sec, languissant et ennuyeux. Depuis le péché originel, l'homme est tout enfoncé dans les choses sensibles ; c'est là son grand mal : il ne peut être longtemps attentif à ce qui est abstrait (1). Il faut donner du corps à toutes les instructions qu'on veut insinuer dans son esprit ; il faut des images qui l'arrêtent : de là vient que, sitôt après la chute du genre humain, la poésie et l'idolâtrie, toujours jointes ensemble, firent toute la religion des anciens. Mais ne nous écartons pas. Vous voyez bien que la poésie, c'est-à-dire la vive peinture des choses, est comme l'âme de l'éloquence.

C. Mais si les vrais orateurs sont poëtes, il me semble aussi que les poëtes sont orateurs ; car la poésie est propre à persuader.

A. Sans doute, ils ont le même but ; toute la différence consiste en ce que je vous ai dit. Les poëtes ont, au-dessus des orateurs, l'enthousiasme, qui les rend même plus élevés, plus vifs et plus hardis dans leurs expressions. Vous vous souvenez bien de ce que je vous ai rapporté tantôt de Cicéron ?

C. Quoi ! N'est-ce pas...?

A. Que l'orateur doit avoir la diction presque des poëtes ; ce *presque* dit tout (2).

C. Je l'entends bien à cette heure ; tout cela se débrouille dans mon esprit. Mais revenons à ce que vous nous avez promis.

A. Vous le comprendrez bientôt. A quoi peut servir dans un discours tout ce qui ne sert point à une de ces trois choses, la preuve, la peinture et le mouvement?

C. Il servira à plaire.

A. Distinguons, s'il vous plaît : ce qui sert à plaire pour persuader est bon. Les preuves solides et bien expliquées plaisent sans doute ; les mouvements vifs et naturels de

(1) Pour expliquer ce phénomène, il suffirait de se rendre compte de l'union intime de l'âme et du corps.
(2) *Verba prope poetarum*... De Orat., I, c. 13.

l'orateur ont beaucoup de grâces ; les peintures fidèles et
animées charment. Ainsi les trois choses que nous admet-
tons dans l'éloquence plaisent ; mais elles ne se bornent
pas à plaire. Il est question de savoir si nous approuverons
les pensées et les expressions qui ne vont qu'à plaire, et
qui ne peuvent point avoir d'effet plus solide ; c'est ce
que j'appelle jeu d'esprit. Souvenez-vous donc bien, s'il
vous plaît, toujours que je loue toutes les grâces du discours qui servent à la persuasion ; je ne rejette que celles
où l'orateur, amoureux de lui-même, a voulu se peindre
et amuser l'auditeur par son bel esprit, au lieu de le remplir uniquement de son sujet. Ainsi je crois qu'il faut
condamner non-seulement tous les jeux de mots, car ils
n'ont rien que de froid et de puéril, mais encore tous les
jeux de pensées, c'est-à-dire toutes celles qui ne servent
qu'à briller, puisqu'elles n'ont rien de solide et de convenable à la persuasion.

C. J'y consentirais volontiers. Mais n'ôteriez-vous pas,
par cette sévérité, les principaux ornements du discours?

A. Ne trouvez-vous pas que Virgile et Homère sont des
auteurs assez agréables? Croyez-vous qu'il y en ait de plus
délicieux ? Vous n'y trouverez pourtant pas ce qu'on appelle des jeux d'esprit : ce sont des choses simples, la nature se montre partout ; partout l'art se cache soigneusement ; vous n'y trouverez pas un seul mot qui paraisse mis
pour faire honneur au bel esprit du poëte; il met toute sa
gloire à ne point paraître, pour vous occuper des choses
qu'il peint, comme un peintre songe à vous mettre devant
les yeux les forêts, les montagnes, les rivières, les loin-
tains, les bâtiments, les hommes, leurs aventures, leurs
actions, leurs passions différentes, sans que vous puissiez
remarquer les coups du pinceau : l'art est grossier et mé-
prisable dès qu'il paraît. Platon, qui avait examiné tout
cela beaucoup mieux que la plupart des orateurs, assure
qu'en écrivant on doit toujours se cacher, se faire oublier,
et ne produire que les choses et les personnes qu'on veut

mettre devant les yeux du lecteur (1). Voyez combien ces
anciens-là avaient des idées plus hautes et plus solides que
nous.

B. Vous nous avez assez parlé de la peinture, dites-
nous quelque chose des mouvements : à quoi servent-ils ?

A. A en imprimer dans l'esprit de l'auditeur qui soient
conformes au dessein de celui qui parle.

B. Mais ces mouvements, en quoi les faites-vous consister ?

A. Dans les paroles, et dans les actions du corps.

B. Quel mouvement peut-il y avoir dans les paroles ?

A. Vous l'allez voir. Cicéron rapporte que les ennemis
mêmes de Gracchus ne purent s'empêcher de pleurer lorsqu'il prononça ces paroles : *Misérable ! où irai-je ? Quel
asile me reste-t-il ? Le Capitole ? il est inondé du sang
de mon frère. Ma maison ? j'y verrais une malheureuse
mère fondre en larmes et mourir de douleur* (2).
Voilà des mouvements. Si on disait cela avec tranquillité,
il perdrait sa force.

B. Le croyez-vous ?

A. Vous le croirez aussi bien que moi, si vous l'essayez.
Voyons-le : *Je ne sais où aller dans mon malheur, il
ne me reste aucun asile Le Capitole est le lieu où l'on a
répandu le sang de mon frère; ma maison est un lieu
où je verrais ma mère pleurer de douleur.* C'est la
même chose. Qu'est devenue cette vivacité ? Où sont ces
paroles coupées qui marquent si bien la nature dans les
transports de la douleur ? La manière de dire les choses
fait voir la manière dont on les sent, et c'est ce qui touche davantage l'auditeur. Dans ces endroits-là, non-seulement il ne faut point de pensées, mais on en doit retrancher l'ordre et les liaisons ; sans cela la passion n'est plus
vraisemblable, et rien n'est si choquant qu'une passion
exprimée avec pompe et par des périodes réglées. Sur

(1) Toutes ces idées sont encore développées dans la *Lettre à
l'Académie*, dans les § IV et V.
(2) *De Oratore*, III, c. 56.

cet article je vous renvoie à Longin (1); vous y verrez
des exemples de Démosthène qui sont merveilleux.

B. J'entends tout cela : mais vous nous avez fait espérer l'explication de l'action du corps, je ne vous en tiens
pas quitte.

A. Je ne prétends pas faire ici toute une rhétorique,
je n'en suis pas même capable ; je vous dirai seulement
quelques remarques que j'ai faites. L'action des Grecs et
des Romains était bien plus violente que la nôtre (2) ; nous
le voyons dans Cicéron et dans Quintilien : ils battaient
du pied, ils se frappaient même le front. Cicéron nous
représente un orateur qui se jette sur la partie qu'il dé-
fend, et qui déchire ses habits pour montrer aux juges
les plaies qu'il avait reçues au service de la république (3). Voilà une action véhémente ; mais cette action
est réservée pour des choses extraordinaires. Il ne parle
point d'un geste continuel. En effet, il n'est point naturel
de remuer toujours les bras en parlant : il faut remuer
les bras, parce qu'on est animé ; mais il ne faudrait pas,
pour paraître animé, remuer les bras. Il y a des choses
même qu'il faudrait dire tranquillement sans se remuer.

B. Quoi ! vous voudriez qu'un prédicateur, par exemple, ne fît point de geste en quelques occasions? Cela
paraîtrait bien extraordinaire.

A. J'avoue qu'on a mis en règle, ou du moins en coutume, qu'un prédicateur doit s'agiter sur tout ce qu'il dit
presque indifféremment : mais il est bien aisé de montrer
que souvent nos prédicateurs s'agitent trop, et que souvent aussi ils ne s'agitent pas assez.

B. Ha! je vous prie de m'expliquer cela, car j'avais
toujours cru, sur l'exemple de N.., qu'il n'y avait que
deux ou trois sortes de mouvements de mains à faire dans
tout un sermon.

A. Venons au principe. A quoi sert l'action du corps ?

(1) Longin, *Traité du Sublime*, ch. XVIII.
(2) Leur tribune était aussi plus vaste.
(3) *De Oratore*, lib. II, cap. 47.

N'est-ce pas à exprimer les sentiments et les passions qui occupent l'âme ?

B. Je le crois.

A. Le mouvement du corps est donc une peinture des pensées de l'âme.

B. Oui.

A. Et cette peinture doit être ressemblante. Il faut que tout y représente vivement et naturellement les sentiments de celui qui parle, et la nature des choses qu'il dit. Je sais bien qu'il ne faut pas aller jusqu'à une représentation basse et comique.

B. Il me semble que vous avez raison, et je vois déjà votre pensée. Permettez-moi de vous interrompre, pour vous montrer combien j'entre dans toutes les conséquences de vos principes. Vous voulez que l'orateur exprime par une action vive et naturelle ce que ses paroles n'exprimeraient que d'une manière languissante. Ainsi, selon vous, l'action même est une peinture.

A. Sans doute. Mais voici ce qu'il en faut conclure ; c'est que, pour bien peindre, il faut imiter la nature, et voir ce qu'elle fait quand on la laisse faire et que l'art ne la contraint pas.

B. J'en conviens.

A. Voyons donc. Naturellement fait-on beaucoup de gestes quand on dit des choses simples et où nulle passion n'est mêlée ?

B. Non.

A. Il faudrait donc n'en faire point en ces occasions dans les discours publics, ou en faire très-peu ; car il faut que tout y suive la nature. Bien plus, il y a des choses où l'on exprimerait mieux ses pensées par une cessation de tout mouvement. Un homme plein d'un grand sentiment demeure un moment immobile ; cette espèce de saisissement tient en suspens l'âme de tous les auditeurs.

B. Je comprends que ces suspensions bien employées seraient belles, et puissantes pour toucher l'auditeur : mais il me semble que vous réduisez celui qui parle en public à ne faire pour le geste que ce que ferait un homme qui parlerait en particulier.

A. Pardonnez-moi : la vue d'une grande assemblée (1), et l'importance du sujet qu'on traite, doivent sans doute animer beaucoup plus un homme, que s'il était dans une simple conversation. Mais, en public comme en particulier, il faut qu'il agisse toujours naturellement : il faut que son corps ait du mouvement quand ses paroles en ont, et que son corps demeure tranquille quand ses paroles n'ont rien que de doux et de simple. Rien ne me semble si choquant et si absurde que de voir un homme qui se tourmente pour me dire des choses froides : pendant qu'il sue il me glace le sang. Il y a quelque temps que je m'endormis à un sermon (2). Vous savez que le sommeil surprend aux sermons de l'après-midi : aussi ne prêchait-on anciennement que le matin à la messe, après l'évangile. Je m'éveillai bientôt, et j'entendis le prédicateur qui s'agitait extraordinairement : je crus que c'était le fort de sa morale.

B. Hé bien ! qu'était-ce donc ?

A. C'est qu'il avertissait ses auditeurs que, le dimanche suivant, il prêcherait sur la pénitence. Cet avertissement fait avec tant de violence me surprit, et m'aurait fait rire si le respect du lieu et de l'action ne m'eût retenu. La plupart de ces déclamateurs sont pour le geste comme pour la voix : leur voix a une monotonie perpétuelle, et leur geste une uniformité (3) qui n'est ni moins ennuyeuse, ni moins éloignée de la nature, ni moins contraire au fruit qu'on pourrait attendre de l'action.

B. Vous dites qu'ils n'en ont pas assez quelquefois.

(1) Fénelon avait l'habitude de s'inspirer des dispositions de son auditoire, et il savait parfaitement les ressources qu'offrent à un orateur des auditeurs bien préparés.

(2) C'est ce qui arrivait assez souvent au vertueux archevêque. M. de Bausset raconte qu'il s'endormit un jour au sermon du père Séraphin. (Voy. *Hist. de Fénelon*, liv. IV.)

(3)   Surtout n'imitez point cet homme ridicule
        Dont le bras nonchalant fait toujours le pendule.
                    (Sanlecque, *Déclamation*.)

A. Faut-il s'en étonner ? Ils ne discernent point les choses où il faut s'animer ; ils s'épuisent sur des choses communes, et sont réduits à dire faiblement celles qui demanderaient une action véhémente. Il faut avouer même que notre nation n'est guère capable de cette véhémence ; on est trop léger, et on ne conçoit pas assez fortement les choses (1). Les Romains, et encore plus les Grecs, étaient admirables en ce genre ; les Orientaux y ont excellé, particulièrement les Hébreux. Rien n'égale la vivacité et la force, non-seulement des figures qu'ils employaient dans leurs discours, mais encore des actions qu'ils faisaient pour exprimer leurs sentiments, comme de mettre de la cendre sur leurs têtes, de déchirer leurs habits, et de se couvrir de sacs dans la douleur. Je ne parle point des choses que les prophètes faisaient pour figurer plus vivement les choses qu'ils voulaient prédire, à cause qu'elles étaient inspirées de Dieu : mais, les inspirations divines à part, nous voyons que ces gens-là s'entendaient bien autrement que nous à exprimer leur douleur, leur crainte et leurs autres passions. De là venaient sans doute ces grands effets de l'éloquence que nous ne voyons plus (2).

B. Vous voudriez donc beaucoup d'inégalité dans la voix et le geste ?

A. C'est là ce qui rend l'action si puissante, et qui la faisait mettre par Démosthène au-dessus de tout (3). Plus l'action et la voix paraissent simples et familières dans les endroits où l'on ne fait qu'instruire, que raconter, que s'insinuer ; plus préparent-elles de surprise et d'émotion pour les endroits où elles s'élèveront à un enthousiasme soudain. C'est une espèce de musique : toute la beauté

(1) Après avoir entendu Mirabeau et tous les orateurs révolutionnaires, on est bien obligé de revenir sur ce jugement.

(2) Souvent les missionnaires ont eu recours aux moyens les plus énergiques, et je crois que nous n'avons encore rien à désirer sous ce rapport.

(3) On demandait à Démosthène quelles étaient les plus grandes qualités de l'orateur : *L'action*, répondit-il, *l'action*, et encore *l'action*.

consiste dans la variété des tons, qui haussent ou qui bais-
sent selon les choses qu'ils doivent exprimer.

B. Mais, si l'on vous en croit, nos principaux orateurs
mêmes sont bien éloignés du véritable art. Le prédicateur que nous entendîmes ensemble, il y a quinze jours,
ne suit pas cette règle (1); il ne paraît pas même s'en
mettre en peine. Excepté les trente premières paroles, il
dit tout d'un même ton; et toute la différence qu'il y a
entre les endroits où il veut s'animer, et ceux où il ne
le veut pas, c'est que dans les premiers il parle encore
plus rapidement qu'à l'ordinaire.

A. Pardonnez-moi, monsieur : sa voix a deux tons,
mais ils ne sont guère proportionnés à ses paroles. Vous
avez raison de dire qu'il ne s'attache point à ces règles,
je crois qu'il n'en a pas même senti le besoin. Sa voix est
naturellement mélodieuse; quoique très-mal ménagée, elle
ne laisse pas de plaire : mais vous voyez bien qu'elle ne
fait dans l'âme aucune des impressions touchantes qu'elle
ferait si elle avait toutes les inflexions qui expriment les
sentiments. Ce sont de belles cloches dont le son est clair,
plein, doux et agréable, mais, après tout, des cloches qui
ne signifient rien, qui n'ont point de variété, ni par conséquent d'harmonie et d'éloquence.

B. Mais cette rapidité de discours a pourtant beaucoup
de grâces.

A. Elle en a sans doute : et je conviens que, dans certains endroits vifs, il faut parler plus vite; mais parler
avec précipitation, et ne pouvoir se retenir, est un grand
défaut. Il y a des choses qu'il faut appuyer. Il en est de
l'action et de la voix comme des vers : il faut quelquefois
une mesure lente et grave qui peigne les choses de ce caractère, comme il faut quelquefois une mesure courte et
impétueuse pour signifier ce qui est vif et ardent. Se servir toujours de la même action et de la même mesure de
voix, c'est comme qui donnerait le même remède à tou-

(1) Il s'agit ici de Bourdaloue, dont la prononciation était très-
rapide.

tes sortes de malades. Mais il faut pardonner à ce prédicateur l'uniformité de voix et d'action ; car, outre qu'il a d'ailleurs des qualités très-estimables, de plus ce défaut lui est nécessaire. N'avons-nous pas dit qu'il faut que l'action de la voix accompagne toujours les paroles? Son style est tout uni : il n'a aucune variété, d'un côté rien de familier, d'insinuant et de populaire; de l'autre rien de vif, de figuré et de sublime : c'est un cours réglé de paroles qui se pressent les unes les autres ; ce sont des déductions exactes, des raisonnements bien suivis et concluants, des portraits fidèles ; en un mot, c'est un homme qui parle en termes propres, et qui dit des choses tressensées (1). Il faut même reconnaître que la chaire lui a de grandes obligations, il l'a tirée de la servitude des déclamateurs (2), il l'a remplie de beaucoup de force et de dignité. Il est très-capable de convaincre : mais je ne connais guère de prédicateur qui persuade et qui touche moins. Si vous y prenez garde, il n'est pas même fort adroit ; car, outre qu'il n'a aucune manière insinuante et familière, ainsi que nous l'avons déjà remarqué ailleurs, il n'a rien d'affectueux, de sensible. Ce sont des raisonnements qui demandent de la contention d'esprit. Il ne reste presque rien de tout ce qu'il a dit, dans la tête de ceux qui l'ont écouté : c'est un torrent qui a passé tout d'un coup, et qui laisse son lit à sec. Pour faire une impression durable, il faut aider les esprits en touchant les passions : les instructions sèches ne peuvent guère réussir (3). Mais ce que je trouve le moins naturel en ce prédicateur, est qu'il donne à ses bras un mouvement

---

(1) On trouvera peut-être que Bourdaloue n'est pas loué suffisamment. Mais il faut avouer que toutes les observations de Fénelon sont exactes; et s'il ne rend pas complètement justice aux qualités supérieures de ce prédicateur, c'est qu'il a écrit peut-être ces lignes dans sa première jeunesse, au moment où Bourdaloue n'était pas encore arrivé à l'apogée de sa gloire.

(2) Il a surtout renversé cet échafaudage de divisions et de subdivisions que les scolastiques avaient mis à la mode.

(3) Plus tard, Fénelon appréciait autrement Bourdaloue. On lit dans son *Mémoire sur les occupations de l'Académie*, écrit de

continuel, pendant qu'il n'y a ni mouvement ni figure
dans ses paroles. A un tel style il faudrait une action
commune de conversation, ou bien il faudrait à cette action impétueuse un style plein de saillies et de véhémence;
encore faudrait-il, comme nous l'avons dit, ménager
mieux cette véhémence, et la rendre moins uniforme. Je
conclus que c'est un grand homme qui n'est point orateur. Un missionnaire de village, qui sait effrayer et faire
couler des larmes, frappe bien plus au but de l'éloquence.

B. Mais quel moyen de connaître en détail les gestes et
les inflexions de voix conformes à la nature?

A. Je vous l'ai déjà dit, tout l'art des bons orateurs
ne consiste qu'à observer ce que la nature fait quand
elle n'est point retenue. Ne faites point comme ces mauvais orateurs qui veulent toujours déclamer, et ne jamais
parler à leurs auditeurs : il faut au contraire que chacun
de vos auditeurs s'imagine que vous parlez à lui en particulier. Voilà à quoi servent les tons naturels, familiers et
insinuants. Il faut, à la vérité, qu'ils soient toujours graves
et modestes; il faut même qu'ils deviennent puissants et
pathétiques dans les endroits où le discours s'élève et
s'échauffe. N'espérez pas exprimer les passions par le seul
effort de la voix; beaucoup de gens, en criant et en s'a-
gitant, ne font qu'étourdir. Pour réussir à peindre les
passions, il faut étudier les mouvements qu'elles inspi-
rent. Par exemple, remarquez ce que font les yeux, ce
que font les mains, ce que fait tout le corps, et quelle est
sa posture; ce que fait la voix d'un homme quand il est
pénétré de douleur, ou surpris à la vue d'un objet éton-
nant (1). Voilà la nature qui se montre à vous, vous n'a-
vez qu'à la suivre. Si vous employez l'art, cachez-le si bien

---

1713 à 1714, que le style du P. Bourdaloue a effacé tous les autres,
et qu'il est peut-être arrivé à la perfection dont notre langue est
capable en ce genre d'éloquence.

(1) Quintilien entre à cet égard dans de curieux détails. *Instit.*,
liv. XI, c. III. Voyez encore Cicéron, *de Oratore*, liv. III, et la
Rhétorique à Hirennius, liv. III, c. XI et suiv.

par l'imitation, qu'on le prenne pour la nature même. Mais, à dire le vrai, il en est des orateurs comme des poëtes qui font des élégies ou d'autres vers passionnés. Il faut sentir la passion pour la bien peindre : l'art, quelque grand qu'il soit, ne parle point comme la passion véritable. Ainsi vous serez toujours un orateur très-imparfait, si vous n'êtes pénétré des sentiments que vous voulez peindre et inspirer aux autres (1) ; et ce n'est pas par spiritualité (2) que je dis ceci, je ne parle qu'en orateur.

B. Je comprends cela. Mais vous nous avez parlé des yeux ; ont-ils leur éloquence ?

A. N'en doutez pas. Cicéron et tous les autres anciens l'assurent (3). Rien ne parle tant que le visage, il exprime tout : mais, dans le visage, les yeux font le principal effet ; un seul regard jeté bien à propos pénètre dans le fond des cœurs.

B. Vous me faites souvenir que le prédicateur dont nous parlions a d'ordinaire les yeux fermés : quand on le regarde de près, cela choque.

A. C'est qu'on sent qu'il lui manque une des choses qui devraient animer son discours.

B. Mais pourquoi le fait-il ?

A. Il se hâte de prononcer, et il ferme les yeux, parce que sa mémoire travaille trop.

B. J'ai bien remarqué qu'elle est fort chargée : quelquefois même il reprend plusieurs mots pour retrouver le fil du discours. Ces reprises sont désagréables, et sentent l'écolier qui sait mal sa leçon : elles feraient tort à un moindre prédicateur.

(1) Horace a dit :

> Ut ridentibus arrident, ita flentibus adflent
> Humani vultus. Si vis me flere, dolendum est
> Primum ipsi tibi...
>
> De Arte poet., v. 104 et seq.

(2) Par *spiritualité*, c'est-à-dire par esprit de perfection.
(3) *In ore sunt omnia.* Cicero, de *Oratore*, c. 59. *In ipso vultu plurimum valent oculi...* Quintilien, *Inst. Orat.*, XII, c. 5.

A. Ce n'est pas la faute du prédicateur, c'est la faute de la méthode qu'il a suivie après tant d'autres. Tant qu'on prêchera par cœur et souvent, on tombera dans cet embarras (1).

B. Comment donc, voudriez-vous qu'on ne prêchât point par cœur? Jamais on ne ferait des discours pleins de force et de justesse.

A. Je ne voudrais pas empêcher les prédicateurs d'apprendre par cœur certains discours extraordinaires (2), ils auraient assez de temps pour se bien préparer à ceux-là; encore pourraient-ils s'en passer.

B. Comment cela? Ce que vous dites paraît incroyable.

A. Si j'ai tort, je suis prêt à me rétracter : examinons cela sans prévention. Quel est le principal but de l'orateur? N'avons-nous pas vu que c'est de persuader? et, pour persuader, ne disions-nous pas qu'il faut toucher en excitant les passions?

B. J'en conviens.

A. La manière la plus vive et la plus touchante est donc la meilleure.

B. Cela est vrai: qu'en concluez-vous?

A. Lequel des deux orateurs peut avoir la manière la plus vive et la plus touchante, ou celui qui apprend par cœur, ou celui qui parle sans réciter mot à mot ce qu'il a appris?

B. Je soutiens que c'est celui qui a appris par cœur.

A. Attendez, posons bien l'état de la question. Je mets d'un côté un homme qui compose exactement tout son discours, et qui l'apprend par cœur jusqu'à la moindre

---

(1) La Bruyère est du même sentiment que Fénelon. « Il me semble, dit-il, qu'un prédicateur pourrait enfin s'épargner ces prodigieux efforts de mémoire, qui ressemblent mieux à une gageure qu'à une affaire sérieuse, qui corrompent le geste et défigurent le visage; jeter au contraire, par un bel enthousiasme, la persuasion dans les esprits et l'alarme dans le cœur, et toucher ses auditeurs d'une tout autre crainte que de celle de le voir demeurer court. »

(2) Fénelon l'a fait lui-même, par exemple à propos du sacre de l'archevêque de Cologne, circonstance où il a prononcé un discours qui est un vrai chef-d'œuvre.

syllabe : de l'autre je suppose un homme savant qui se remplit de son sujet, qui a beaucoup de facilité de parler (car vous ne voulez pas que les gens sans talent s'en mêlent) (1); un homme enfin qui médite fortement tous les principes du sujet qu'il doit traiter, et dans toute leur étendue; qui s'en fait un ordre dans l'esprit, qui prépare les plus fortes expressions par lesquelles il veut rendre son sujet sensible, qui range toutes ses preuves, qui prépare un certain nombre de figures touchantes. Cet homme sait sans doute ce qu'il doit dire, et la place où il doit mettre chaque chose (2) : il ne lui reste pour l'exécution qu'à trouver les expressions communes qui doivent faire le corps du discours. Croyez-vous qu'un tel homme ait de la peine à les trouver?

B. Il ne les trouvera pas si justes et si ornées, qu'il les aurait trouvées à loisir dans son cabinet.

A. Je le crois. Mais, selon vous-même, il ne perdra qu'un peu d'ornement; et vous savez ce que nous devons penser de cette perte, selon les principes que nous avons déjà posés. D'un autre côté, que ne gagnera-t-il pas pour la liberté et pour la force de l'action, qui est le principal! Supposant qu'il se soit beaucoup exercé à écrire, comme Cicéron le demande, qu'il ait lu tous les bons modèles (3), qu'il ait beaucoup de facilité naturelle et acquise, qu'il ait un fonds abondant de principes et d'érudition, qu'il

---

(1) Fénelon n'exigeait pas sans doute que tous les prédicateurs fussent des hommes de génie. Cette parenthèse se justifie, parce qu'il s'agit de prononcer entre deux hommes éminents, dont l'un apprend par cœur et l'autre parle d'inspiration.

(2) D'après cette énumération, il est facile de voir quelle préparation Fénelon exige de celui qui doit parler en public sans apprendre son discours par cœur. Assurément celui qui sera capable de se préparer ainsi ne sera jamais embarrassé pour trouver *les expressions communes qui doivent faire le corps du discours.*

(3) Il ne faut pas perdre de vue que Fénelon a exigé, avant tout, de l'orateur qu'il eût un fonds riche de connaissances. Ici il demande en outre qu'il se soit beaucoup exercé à l'art de la parole, qu'il ait étudié tous les auteurs anciens, et qu'il soit doué d'ailleurs d'une élocution naturellement facile. En réfléchissant à toutes ces suppositions, on remarquera que sa méthode n'est ni présomptueuse, ni chimérique.

ait bien médité tout son sujet, qu'il l'ait bien rangé dans sa tête; nous devons conclure qu'il parlera avec force, avec ordre, avec abondance. Ses périodes n'amuseront pas tant l'oreille : tant mieux, il en sera meilleur orateur. Ses transitions ne seront pas si fines : n'importe ; outre qu'il peut les avoir préparées sans les apprendre par cœur, de plus ces négligences lui seront communes avec les plus éloquents orateurs de l'antiquité, qui ont cru qu'il fallait par là imiter souvent la nature, et ne montrer pas une trop grande préparation. Que lui manquera-t-il donc? Il fera quelque petite répétition (1); mais elle ne sera pas inutile : non-seulement l'auditeur de bon goût prendra plaisir à y reconnaître la nature, qui reprend souvent ce qui la frappe davantage dans un sujet; mais cette répétition imprimera plus fortement les vérités : c'est la véritable manière d'instruire. Tout au plus trouvera-t-on dans son discours quelque construction peu exacte, quelque terme impropre, ou censuré par l'Académie, quelque chose d'irrégulier, ou, si vous voulez, de faible et de mal placé, qui lui aura échappé dans la chaleur de l'action (2). Il faudrait avoir l'esprit bien petit pour croire que ces fautes-là fussent grandes; on en trouvera de cette nature dans les plus excellents originaux. Les plus habiles d'entre les anciens les ont méprisées (3). Si nous avions d'aussi grandes vues qu'eux, nous ne serions guère occupés de ces minuties. Il n'y a que les gens qui ne sont pas propres à discerner les grandes choses, qui s'amusent à celles-là. Pardonnez ma liberté : ce n'est qu'à cause que je vous crois bien différent de ces esprits-là, que je vous en parle avec si peu de ménagement.

B. Vous n'avez pas besoin de précaution avec moi ; allons jusqu'au bout sans nous arrêter.

(1) Fénelon ne les condamnait même pas en principe. Pascal les approuvait toutes les fois que la pensée y gagnait sous le rapport de la force ou de la clarté.

(2) Ces fautes de détails ne se remarquent même pas dans l'action : pour les apercevoir, il faudrait que le discours fût imprimé.

(3) Démosthène les dédaignait, et il tenait plus, comme l'a dit un de ses critiques, aux émotions qu'à l'arrangement d'un mot.

A. Considérez donc, monsieur, en même temps les avantages d'un homme qui n'apprend point par cœur : il se possède, il parle naturellement, il ne parle point en déclamateur ; les choses coulent de source ; ses expressions (si son naturel est riche pour l'éloquence) sont vives et pleines de mouvements ; la chaleur même qui l'anime lui fait trouver des expressions et des figures qu'il n'aurait pu préparer dans son étude.

B. Pourquoi? Un homme s'anime dans son cabinet, et peut y composer des discours très-vifs.

A. Cela est vrai ; mais l'action y ajoute encore une plus grande vivacité. De plus, ce qu'on trouve dans la chaleur de l'action est tout autrement sensible et naturel ; il a un air négligé, et ne sent point l'art, comme presque toutes les choses composées à loisir. Ajoutez qu'un orateur habile et expérimenté proportionne les choses à l'impression qu'il voit qu'elles font sur l'auditeur ; car il remarque fort bien ce qui entre et ce qui n'entre pas dans l'esprit, ce qui attire l'attention, ce qui touche les cœurs, et ce qui ne fait point ces effets. Il reprend les mêmes choses d'une autre manière, il les revêt d'images et de comparaisons plus sensibles ; ou bien il remonte aux principes d'où dépendent des vérités qu'il veut persuader; ou bien il tâche de guérir les passions, qui empêchent ces vérités de faire impression. Voilà le véritable art d'instruire et de persuader; sans ces moyens, on ne fait que des déclamations vagues et infructueuses. Voyez combien l'orateur qui ne parle que par cœur est loin de ce but. Représentez-vous un homme qui n'oserait dire que sa leçon : tout est nécessairement compassé dans son style ; et il lui arrive ce que Denys d'Halicarnasse remarque qui est arrivé à Isocrate, sa composition est meilleure à être lue qu'à être prononcée. D'ailleurs, quoi qu'il fasse, ses inflexions de voix sont uniformes et toujours un peu forcées : ce n'est point un homme qui parle, c'est un orateur qui récite ou qui déclame; son action est contraire, ses yeux trop arrêtés marquent que sa mémoire travaille, et il ne peut s'abandonner à un mouvement extraordinaire sans se mettre en danger de perdre le fil de son discours. L'auditeur voyant l'art si à découvert, bien loin d'être saisi et transporté hors de lui-même, comme il le faudrait, observe froidement tout l'artifice du discours (1).

B. Mais les anciens orateurs ne faisaient-ils pas ce que vous condamnez ?

A. Je crois que non.

B. Quoi ! vous croyez que Démosthène et Cicéron ne savaient point par cœur ces harangues si achevées que nous avons d'eux ?

A. Nous voyons bien qu'ils les écrivaient ; mais nous avons plusieurs raisons de croire qu'ils ne les apprenaient point par cœur mot à mot (2). Les discours même de Démosthène, tels qu'ils sont sur le papier, marquent bien plus la sublimité et la véhémence d'un grand génie accoutumé à parler fortement des affaires publiques, que l'exactitude et la politesse d'un homme qui compose. Pour Cicéron, on voit, en divers endroits de ses harangues, des choses nécessairement imprévues (3). Mais rapportons-nous-en à lui-même sur cette matière. Il veut que l'orateur ait beaucoup de mémoire. Il parle même de la mémoire artificielle comme d'une invention utile : mais tout ce qu'il en dit ne marque point que l'on doive apprendre mot à mot par cœur ; au contraire, il paraît se

(1) Cette dernière méthode est assurément très-inférieure à la première. Cependant on doit la préférer toutes les fois qu'on ne se possède pas assez pour être maître de son esprit et de ses pensées, et que d'ailleurs on n'a pas l'élocution assez nette ni assez facile pour rendre ses idées dans un langage toujours clair et pur.

(2) Démosthène n'était sans doute pas esclave de ce qu'il avait écrit ; mais Plutarque nous assure qu'il n'improvisait jamais.

(3) Cicéron pouvait facilement improviser, et il le faisait quelquefois ; mais nous ne possédons peut-être aucune de ses harangues improvisées. Il a retouché ses *Catilinaires* au point de les rendre méconnaissables. Ses *Verrines* et ses *Philippiques* n'ont pas même été prononcées pour la plupart. Néanmoins il leur a conservé toutes les formes d'un plaidoyer et d'une harangue, il indique même les pauses qu'il a dû faire ; de sorte qu'on ne peut guère s'en rapporter aux formes extérieures de ces divers discours, comme le fait ici Fénelon.

borner à vouloir qu'on range exactement dans sa tête toutes les parties de son discours, et que l'on prémédite les
figures et les principales expressions qu'on doit employer,
se réservant d'y ajouter sur-le-champ ce que le besoin et
la vue des objets pourrait inspirer : c'est pour cela même
qu'il demande tant de diligence et de présence d'esprit
dans l'orateur.

B. Permettez-moi de vous dire que tout cela ne me
persuade point ; je ne puis croire qu'on parle si bien
quand on parle sans avoir réglé toutes ses paroles

C. Et moi je comprends bien ce qui vous rend si in-
crédule ; c'est que vous jugez de ceci par une expérience
commune. Si les gens qui apprennent leurs sermons par
cœur prêchaient sans cette préparation, ils prêcheraient
apparemment fort mal. Je ne m'en étonne pas : ils ne sont
pas accoutumés à suivre la nature; ils n'ont songé qu'à
apprendre à écrire, et encore à écrire avec affectation (1) ;
jamais ils n'ont songé à apprendre à parler d'une manière
noble, forte et naturelle. D'ailleurs la plupart n'ont pas
assez de fonds de doctrine pour se fier à eux-mêmes (2).
La méthode d'apprendre par cœur met je ne sais combien
d'esprits bornés et superficiels en état de faire des discours publics avec quelque éclat : il ne faut qu'assembler
un certain nombre de passages et de pensées; si peu
qu'on ait de génie et de secours, on donne, avec du
temps, une forme polie à cette matière. Mais, pour le
reste, il faut une méditation sérieuse des premiers principes, une connaissance étendue des mœurs, la lecture de

_____

(1) C'est là en effet le motif pour lequel tant d'orateurs trouvent la méthode de Fénelon impraticable. Ils n'écrivent jamais rien
naturellement, et n'estiment ce qu'ils disent qu'en raison des efforts
d'esprit que cela leur a coûté.

(2) Cette seconde cause n'est pas moins réelle. Pour que la parole
coule de source, il faut que l'esprit soit riche de connaissances et
qu'il ait été beaucoup exercé. Toute commode qu'elle paraît, cette
méthode suppose des méditations sérieuses, une grande habitude
du raisonnement, ce qui ne se rencontre que dans les hommes de
talent qui ont beaucoup travaillé. C'est pourquoi cette méthode sera
toujours celle des esprits supérieurs, tandis que des hommes ordi-
naires ou médiocres préféreront l'autre.

l'antiquité, de la force de raisonnement et d'action. N'est-ce pas là, monsieur, ce que vous demandez de l'orateur qui n'apprend point par cœur ce qu'il doit dire?

A. Vous l'avez très-bien expliqué. Je crois seulement qu'il faut ajouter que quand ces qualités ne se trouveront pas éminemment dans un homme, il ne laissera pas de faire de bons discours, pourvu qu'il ait de la solidité d'esprit, un fonds raisonnable de science, et quelque facilité de parler (1). Dans cette méthode, comme dans l'autre, il y aurait divers degrés d'orateurs. Remarquez encore que la plupart des gens qui n'apprennent point par cœur ne se préparent pas assez : il faudrait étudier son sujet par une profonde méditation, préparer tous les mouvements qui peuvent toucher, et donner à tout cela un ordre qui servît même à mieux remettre les choses dans leur point de vue.

B. Vous nous avez déjà parlé plusieurs fois de cet ordre; voulez-vous autre chose qu'une division? N'avez-vous pas encore sur cela quelque opinion singulière?

A. Vous pensez vous moquer; je ne suis pas moins bizarre sur cet article que sur les autres.

B. Je crois que vous le dites sérieusement.

A. N'en doutez pas. Puisque nous sommes en train, je m'en vais vous montrer combien l'ordre manque à la plupart des orateurs.

B. Puisque vous aimez tant l'ordre, les divisions ne vous déplaisent pas.

A. Je suis bien éloigné de les approuver.

B. Pourquoi donc? Ne mettent-elles pas l'ordre dans un discours?

A. D'ordinaire elles y en mettent un qui n'est qu'apparent. De plus, elles dessèchent et gênent le discours; elles le coupent en deux ou trois parties, qui interrompent l'action de l'orateur et l'effet qu'elle doit produire :

(1) On voit par là que Fénelon, comme nous l'avons fait remarquer plus haut, n'est pas exigeant pour les talents du prédicateur. Du bon sens, une science compétente, *quelque facilité* de parler, et voilà tout.

il n'y a plus d'unité véritable, ce sont deux ou trois discours différents, qui ne sont unis que par une liaison arbitraire (1). Le sermon d'avant-hier, celui d'hier, et celui d'aujourd'hui, pourvu qu'ils soient d'un dessein suivi, comme les desseins d'Avent, font autant ensemble un tout et un corps de discours, que les trois points d'un de ces sermons font un tout entre eux (2).

B. Mais, à votre avis, qu'est-ce donc que l'ordre ? Quelle confusion y aurait-il dans un discours qui ne serait point divisé !

A. Croyez-vous qu'il y ait beaucoup plus de confusion dans les harangues de Démosthène et de Cicéron, que dans les sermons du prédicateur de votre paroisse ?

B. Je ne sais : je croirais que non.

A. Ne craignez pas de vous engager trop : les harangues de ces grands hommes ne sont pas divisées (3) comme les sermons d'à présent. Non-seulement eux, mais encore Isocrate, dont nous avons tant parlé, et les autres anciens orateurs, n'ont point pris cette règle. Les Pères de l'Église ne l'ont point connue. Saint Bernard, le dernier d'entre eux, marque souvent des divisions ; mais il ne les

(1) On voit qu'il ne s'agit ici que des divisions mal faites.

(2) La Bruyère se moque très-spirituellement de ce défaut : « Ils ont toujours, dit-il, d'une nécessité indispensable et géométrique, trois sujets admirables de vos attentions : ils prouveront une telle chose dans la première partie de leur discours, cette autre dans la seconde partie, et cette autre encore dans la troisième. Ainsi vous serez convaincu d'abord d'une certaine vérité, et c'est leur premier point ; d'une autre vérité, et c'est leur second point ; et puis d'une troisième vérité, et c'est leur troisième point : de sorte que la première réflexion vous instruira d'un principe des plus fondamentaux de votre religion ; la seconde, d'un autre principe qui ne l'est pas moins ; et la dernière réflexion, d'un troisième et dernier principe le plus important de tous, qui est remis pourtant, faute de loisir, a une autre fois. » (De la Chaire.)

(3) Si Fénelon attaquait les divisions en elles-mêmes, ce qu'il dit ici ne serait pas concluant. Les anciens ne s'étaient pas imposé la loi de diviser tous leurs discours, mais ils ne s'étaient pas non plus interdit les divisions. Ils en font toutes les fois que le sujet l'exige, et nous avons des discours de Cicéron qui sont parfaitement divisés. Si on se fût borné a les imiter, Fénelon ne l'aurait sans doute pas trouvé mauvais.

suit pas, et il ne partage point ses sermons. Les prédications ont été encore longtemps après sans être divisées, et c'est une invention très-moderne qui nous vient de la scolastique.

B. Je conviens que l'école (1) est un méchant modèle pour l'éloquence; mais quelle forme donnait·on donc anciennement à un discours?

A. Je m'en vais vous le dire. On ne divisait pas un discours: mais on y distinguait soigneusement toutes les choses qui avaient besoin d'être distinguées, on assignait à chacune sa place, et on examinait attentivement en quel endroit il fallait placer chaque chose pour la rendre plus propre à faire impression. Souvent une chose qui, dite d'abord, n'aurait paru rien, devient décisive lorsqu'elle est réservée pour un autre endroit où l'auditeur sera préparé par d'autres choses à en sentir toute la force. Souvent un mot qui a trouvé heureusement sa place y met la vérité dans tout son jour. Il faut laisser quelquefois une vérité enveloppée jusqu'à la fin: c'est Cicéron qui nous l'assure. Il doit y avoir partout un enchaînement de preuves; il faut que la première prépare à la seconde, et que la seconde soutienne la première. On doit d'abord montrer en gros tout un sujet, et prévenir favorablement l'auditeur par un début modeste et insinuant, par un air de probité et de candeur. Ensuite on établit les principes; puis on pose les faits d'une manière simple, claire et sensible, appuyant sur les circonstances dont on devra se servir bientôt après. Des principes, des faits, on tire les conséquences; et il faut disposer le raisonnement de manière que toutes les preuves s'entr'aident pour être facilement retenues. On doit faire en sorte que le discours aille toujours croissant, et que l'auditeur sente de plus en plus le poids de la vérité: alors il faut déployer les images vives et les mouvements propres à exciter les passions. Pour cela il faut connaître la liaison que les passions ont entre elles; celles qu'on peut exciter d'abord plus facilement, et qui peuvent servir à

_____

(1) On appelait ainsi les anciennes universités.

émouvoir les autres; celles enfin qui peuvent produire les plus grands effets, et par lesquelles il faut terminer le discours. Il est souvent à propos de faire à la fin une récapitulation qui recueille en peu de mots toute la force de l'orateur, et qui remette devant les yeux tout ce qu'il a dit de plus persuasif. Au reste, il ne faut pas garder scrupuleusement cet ordre d'une manière uniforme; chaque sujet a ses exceptions et ses propriétés. Ajoutez que, dans cet ordre même, on peut trouver une variété presque infinie. Cet ordre, qui nous est à peu près marqué par Cicéron, ne peut pas, comme vous le voyez, être suivi dans un discours coupé en trois (1), ni observé dans chaque point en particulier. Il faut donc un ordre, monsieur, mais un ordre qui ne soit point promis et découvert dès le commencement du discours (2). Cicéron dit que le meilleur, presque toujours, est de le cacher, et d'y mener l'auditeur sans qu'il s'en aperçoive. Il dit même, en termes formels, car je m'en souviens, qu'il doit cacher jusqu'au nombre de ses preuves, en sorte qu'on ne puisse les compter, quoiqu'elles soient distinctes par elles-mêmes, et qu'il ne doit point y avoir de division du discours clairement marquée (3). Mais la grossièreté des derniers temps est allée jusqu'à ne point connaître l'ordre d'un discours, à moins que celui qui le fait n'en avertisse dès le commencement et qu'il ne s'arrête à chaque point.

C. Mais les divisions ne servent-elles pas pour soulager l'esprit et la mémoire de l'auditeur ? C'est pour l'instruction qu'on le fait.

A. La division soulage la mémoire de celui qui parle. Encore même un ordre naturel, sans être marqué, ferait

---

(1) Quand une division est bien faite, elle ne coupe pas le discours en trois : elle ne fait que déterminer l'ordre des idées principales qui doivent entrer dans le discours. La première division mène naturellement à la seconde, la seconde à la troisième, et toutes les trois tendent au même but.

(2) Il n'est pas toujours nécessaire d'indiquer ses divisions et ses subdivisions, et peut-être ne devrait-on jamais les faire à la façon du P. Bourdaloue.

(3) Je n'ai pu trouver ce passage. Peut-être Fénelon aura-t-il été trompé par sa mémoire.

mieux cet effet ; car la véritable liaison des matières conduit
l'esprit. Mais, pour les divisions (1), elles n'aident que les
gens qui ont étudié, et que l'école a accoutumés à cette
méthode ; et si le peuple retient mieux la division que le
reste, c'est qu'elle a été plus souvent répétée. Généralement parlant, les choses sensibles et de pratique sont celles
qu'il retient le mieux.

B. L'ordre que vous proposez peut être bon sur certaines matières, mais il ne convient pas à toutes ; on n'a pas
toujours des faits à poser.

A. Quand on n'en a point, on s'en passe ; mais il n'y a
guère de matières où l'on en manque. Une des beautés de
Platon est de mettre d'ordinaire, dans le commencement (2) de ses ouvrages de morale, des histoires et des
traditions qui sont comme le fondement de toute la suite
du discours. Cette méthode convient bien davantage à
ceux qui prêchent la religion ; car tout y est tradition,
tout y est histoire, tout y est antiquité. La plupart des
prédicateurs n'instruisent pas assez, et ne prouvent que
faiblement, faute de remonter à ces sources.

B. Il y a déjà longtemps que vous nous parlez ; j'ai
honte de vous arrêter davantage : cependant la curiosité
m'entraîne. Permettez-moi de vous faire encore quelques
questions sur les règles du discours.

A. Volontiers : je ne suis pas encore las, et il me reste
un moment à donner à la conversation.

B. Vous voulez bannir sévèrement du discours tous les
ornements frivoles : mais apprenez-moi, par des exemples sensibles, à les distinguer de ceux qui sont solides et
naturels.

A. Aimez-vous les fredons (3) dans la musique ? N'ai-

---

(1) Évidemment, Fénelon ne veut parler que de cet échafaudage
de divisions et de subdivisions que la scolastique avait mises en
vogue.

(2) On en trouve aussi souvent à la fin.

(3) *Fredons*, vieux mot qui signifie un passage rapide et presque
toujours diatonique de plusieurs notes sur la même syllabe ; c'est à
peu près ce que, depuis, on a appelé *roulade*. (Rousseau, *Dict.
de Musique.*)

mez-vous pas mieux ces tons animés qui peignent les choses et qui expriment les passions?

B. Oui, sans doute. Les fredons ne font qu'amuser l'oreille, ils ne signifient rien, ils n'excitent aucun sentiment. Autrefois notre musique en était pleine; aussi n'avait-elle rien que de confus et de faible. Présentement on a commencé à se rapprocher de la musique des anciens. Cette musique est une espèce de déclamation passionnée; elle agit fortement sur l'âme.

A. Je savais bien que la musique, à laquelle vous êtes fort sensible, me servirait à vous faire entendre ce qui regarde l'éloquence; aussi faut-il qu'il y ait une espèce d'éloquence dans la musique même : on doit rejeter les fredons dans l'éloquence aussi bien que dans la musique. Ne comprenez-vous pas maintenant ce que j'appelle discours fredonnés, certains jeux de mots qui reviennent toujours comme des refrains, certains bourdonnements de périodes languissantes et uniformes? Voilà la fausse éloquence, qui ressemble à la mauvaise musique.

B. Mais encore, rendez-moi cela un peu plus sensible.

A. La lecture des bons et des mauvais orateurs vous formera un goût plus sûr que toutes les règles : cependant il est aisé de vous satisfaire en vous rapportant quelques exemples. Je n'en prendrai point dans notre siècle, quoiqu'il soit fertile en faux ornements. Pour ne blesser personne, revenons à Isocrate; aussi bien est-ce le modèle des discours fleuris et périodiques qui sont maintenant à la mode. Avez-vous lu cet éloge d'Hélène qui est si célèbre?

B. Oui, je l'ai lu autrefois.

A. Comment vous parut-il?

B. Admirable : je n'ai jamais vu tant d'esprit, d'élégance, de douceur, d'invention et de délicatesse. Je vous avoue qu'Homère, que je lus ensuite, ne me parut point avoir les mêmes traits d'esprit (1). Présentement que vous

(1) Le jugement de cet interlocuteur ne doit pas étonner, car tous ceux qui tiennent moins au fond qu'à la forme sont exposés à de

m'avez marqué le véritable but des poëtes et des orateurs, je vois bien qu'Homère est autant au-dessus d'Isocrate que son art est caché, et que celui de l'autre paraît.
Mais enfin je fus alors charmé d'Isocrate, et je le serais
encore, si vous ne m'aviez détrompé. M.*** est l'Isocrate (1)
de notre temps; et je vois bien qu'en montrant le faible
de cet orateur, vous faites le procès de tous ceux qui re-
cherchent cette éloquence fleurie et efféminée.

A. Je ne parle que d'Isocrate. Dans le commencement
de cet éloge, il relève l'amour que Thésée avait eu pour
Hélène; et il s'imagine qu'il donnera une haute idée de
cette femme, en dépeignant les qualités héroïques de ce
grand homme qui en fut passionné : comme si Thésée,
que l'antiquité a toujours dépeint faible et inconstant
dans ses amours, n'aurait pas pu être touché de quelque
chose de médiocre. Puis il vient au jugement de Pâris.
Junon, dit-il, lui promettait l'empire de l'Asie, Minerve
la victoire dans les combats, Vénus la belle Hélène.
Comme Pâris ne put (poursuit-il) dans ce jugement regarder les visages de ces déesses à cause de leur éclat,
il ne put juger que du prix des trois choses qui lui étaient
offertes : il préféra Hélène à l'empire et à la victoire. Ensuite il loue le jugement de celui au discernement duquel
les déesses mêmes s'étaient soumises. Je m'étonne, dit-
il encore en faveur de Pâris, que quelqu'un le trouve im-
prudent d'avoir voulu vivre avec celle pour qui tant de
demi-dieux voulurent mourir (2). »

C. Je m'imagine entendre nos prédicateurs à antithèses
et à jeux d'esprit. Il y a bien des Isocrates (3) !

_____

semblables erreurs. Les jeunes gens, en général, estiment plus les
écrivains brillants et prétentieux que ceux qui sont vrais et solides.

(1) Ne serait-ce point Fléchier que Fénelon aurait en vue? De
tous les orateurs du dix-septième siècle, il nous semble le plus ressembler à Isocrate. Il en a vraiment tous les mérites et tous les
défauts.

(2) Θαυμάζω δ' εἴ τις οἴεται κακῶς βεβουλεῦσθαι τὸν
μετὰ ταύτης ζῆν ἑλόμενον, ἧς ἕνεκα πολλοὶ τῶν ἡμιθεῶν
ἀποθνήσκειν ἠθέλησαν.

(3) Au dix-septième siècle il y en eut encore moins que dans d'au-

A. Voilà leur maître. Tout le reste de cet éloge est plein des mêmes traits ; il est fondé sur la longue guerre de Troie, sur les maux que souffrirent les Grecs pour ravoir Hélène, et sur la louange de la beauté qui est si puissante sur les hommes. Rien n'y est prouvé sérieusement ; il n'y a en tout cela aucune vérité de morale : il ne juge du prix des choses que par les passions des hommes. Mais non-seulement ses preuves sont faibles, de plus son style est tout fardé et amolli. Je vous ai rapporté cet endroit, tout profane qu'il est, à cause qu'il est très-célèbre, et que cette mauvaise manière est maintenant fort imitée. Les autres discours les plus sérieux d'Isocrate se sentent beaucoup de cette mollesse de style, et sont pleins de ces faux brillants.

B. Je vois bien que vous ne voulez point de ces tours ingénieux, qui ne sont ni des raisons solides et concluantes, ni des mouvements naturels et affectueux. L'exemple même d'Isocrate que vous apportez, quoiqu'il soit sur un sujet frivole, ne laisse pas d'être bon ; car tout ce clinquant convient encore bien moins aux sujets sérieux et solides.

A. Revenons, monsieur, à Isocrate. Ai-je donc eu tort de parler de cet orateur comme Cicéron nous assure qu'Aristote en parlait ?

B. Qu'en dit Cicéron ?

A. Qu'Aristote voyant qu'Isocrate avait transporté l'éloquence de l'action et de l'usage à l'amusement et à l'ostentation, et qu'il attirait par là les plus considérables disciples, il lui appliqua un vers de *Philoctète*, pour marquer combien il était honteux de se taire et d'entendre ce déclamateur (1). En voilà assez, il faut que je m'en aille.

---

tres temps. Mais si l'on fait attention au caractère bien connu de cet interlocuteur, on comprendra qu'en pareille matière ses jugements doivent être sévères.

(1) Voici ce vers de *Philoctète,* tel qu'Aristote l'appliquait à Isocrate :

Αἰσχρὸν σιωπᾶν, Ἰσοκράτην τ' ἐᾶν λέγειν.

B. Vous ne vous en irez point encore, monsieur. Vous ne voulez donc point d'antithèses?

A. Pardonnez-moi : quand les choses qu'on dit sont naturellement opposées les unes aux autres, il faut en marquer l'opposition. Ces antithèses-là sont naturelles, et font sans doute une beauté solide; alors c'est la manière la plus courte et la plus simple d'exprimer les choses. Mais chercher un détour pour trouver une batterie de mots (1), cela est puéril. D'abord les gens de mauvais goût en sont éblouis; mais, dans la suite, ces affectations fatiguent l'auditeur. Connaissez-vous l'architecture de nos vieilles églises, qu'on nomme gothique (2)?

B. Oui, je la connais, on la trouve partout.

A. N'avez-vous pas remarqué ces roses, ces points, ces petits ornements coupés et sans dessein suivi, enfin tous ces colifichets dont elle est pleine? Voilà en architecture ce que les antithèses et les autres jeux de mots sont dans l'éloquence. L'architecture grecque est bien plus simple; elle n'admet que des ornements majestueux et naturels; on n'y voit rien que de grand, de proportionné, de mis en place. Cette architecture qu'on appelle gothique nous est venue des Arabes (3). Ces sortes d'esprits étant fort vifs, et n'ayant ni règle ni culture, ne pouvaient manquer de se jeter dans de fausses subtilités; de là leur vint ce mauvais goût en toutes choses. Ils ont été sophistes en raisonnements, amateurs de colifichets en architecture, et inventeurs de pointes en poésie et en éloquence (4). Tout cela est du même génie.

B. Cela est fort plaisant. Selon vous, un sermon plein

(1) C'est-à-dire, *des mots qui se combattent.*

(2) Ce genre d'architecture était alors aussi déprécié qu'il est estimé aujourd'hui.

(3) Ce sentiment prouve qu'on avait condamné cette architecture du moyen âge sans en faire une étude bien sérieuse.

(4) Au dix-septième siècle, tout le monde jugeait le moyen âge comme Fénelon le juge ici. Des études plus sérieuses ont modifié depuis quelque temps considérablement tous ces jugements, à l'avantage des générations qui ont alors vécu.

d'antithèses et d'autres semblables ornements est fait comme une église bâtie à la gothique.

A. Oui, c'est précisément cela.

B. Encore une question, je vous en conjure, et puis je vous laisse.

A. Quoi ?

B. Il me semble qu'il est bien difficile de traiter en style noble les détails, et cependant il faut le faire quand on veut être solide, comme vous demandez qu'on le soit De grâce, un mot là-dessus.

A. On a tant de peur dans notre nation d'être bas, qu'on est d'ordinaire sec et vague dans les expressions. Veut-on louer un saint, on cherche des phrases magnifiques ; on dit qu'il était admirable, que ses vertus étaient célestes, que c'était un ange et non pas un homme (1) : ainsi tout se passe en exclamations sans preuve et sans peinture. Tout au contraire les Grecs se servaient peu de tous ces termes généraux qui ne prouvent rien ; mais ils disaient beaucoup de faits. Par exemple, Xénophon, dans toute la *Cyropédie*, ne dit pas une fois que Cyrus était admirable, mais il le fait partout admirer. C'est ainsi qu'il faudrait louer les saints, en montrant le détail de leurs sentiments et de leurs actions. Nous avons là-dessus une fausse politesse, semblable à celle de certains provinciaux qui se piquent de bel esprit : ils n'osent rien dire qui ne leur paraisse exquis et relevé ; ils sont toujours guindés, et croiraient se trop abaisser en nommant les choses par leurs noms. Tout entre dans les sujets que l'éloquence doit traiter. La poésie même, qui est le genre le plus sublime, ne réussit qu'en peignant les choses avec toutes leurs circonstances. Voyez Virgile représentant les navires

(1) La Bruyère fait aussi une critique très-vive des panégyristes. « Ils ont enchéri, dit-il, sur les épîtres dédicatoires, sur les stances et sur les prologues ; ils ont changé les paroles saintes en un tissu de louanges, justes à la vérité, mais mal placées, intéressées, que personne n'exige d'eux, et qui ne conviennent point à leur caractère. On est heureux si, à l'occasion de héros qu'ils célèbrent jusque dans le sanctuaire, ils disent un mot de Dieu et du mystère qu'ils devaient prêcher. »

troyens qui quittent le rivage d'Afrique, ou qui arrivent sur la côte d'Italie (1); tout le détail y est peint. Mais il faut avouer que les Grecs poussaient encore plus loin le détail, et suivaient plus sensiblement la nature. A cause de ce grand détail, bien des gens, s'ils l'osaient, trouveraient Homère trop simple. Par cette simplicité si originale, et dont nous avons tant perdu le goût, ce poëte a beaucoup de rapport avec l'Écriture (2); mais l'Écriture le surpasse autant qu'il a surpassé tout le reste de l'antiquité pour peindre naïvement les choses. En faisant un détail, il ne faut rien présenter à l'esprit de l'auditeur qui ne mérite son attention (3), et qui ne contribue à l'idée qu'on veut lui donner. Ainsi il faut être judicieux pour le choix des circonstances, mais il ne faut point craindre de dire tout ce qui sert; et c'est une politesse mal entendue, que de supprimer certains endroits utiles, parce qu'on ne les trouve pas susceptibles d'ornements; outre qu'Homère nous apprend assez, par son exemple, qu'on peut embellir en leur manière tous les sujets. D'ailleurs il faut reconnaître que tout discours doit avoir ses inégalités : il faut être grand dans les grandes choses; il faut être simple, sans être bas, dans les petites; il faut tantôt de la naïveté et de l'exactitude, tantôt de la sublimité et de la véhémence. Un peintre qui ne représenterait jamais que des palais d'une architecture somptueuse ne ferait rien de vrai, et lasserait bientôt. Il faut suivre la nature dans ses variétés : après avoir peint une superbe ville, il est souvent à propos de faire voir un désert et des cabanes de bergers. La plupart des gens qui veulent faire de beaux discours cherchent sans choix également partout la pompe des paroles : ils croient avoir tout fait, pourvu qu'ils aient fait un amas de grands mots et de

(1) *Æneid.*, lib. IV, v. 371.
(2) Voyez Fleury, *Des mœurs des Israélites*; et Chateaubriand, *Génie du Christianisme*, liv. V.
(3) Boileau exprime la même pensée, *Art poétique*, ch I, v. 49 et suiv.

pensées vagues (1); ils ne songent qu'à charger leurs discours d'ornements; semblables aux méchants cuisiniers, qui ne savent rien assaisonner avec justesse, et qui croient donner un goût exquis aux viandes en y mettant beaucoup de sel et de poivre (2). La véritable éloquence n'a rien d'enflé ni d'ambitieux; elle se modère, et se proportionne aux sujets qu'elle traite et aux gens qu'elle instruit; elle n'est grande et sublime que quand il faut l'être.

B. Ce mot que vous nous avez dit de l'Écriture sainte me donne un désir extrême que vous m'en fassiez sentir la beauté : ne pourrons-nous point vous avoir demain à quelque heure?

A. Demain, il me sera difficile; je tâcherai pourtant de venir le soir. Puisque vous le voulez, nous parlerons de la parole de Dieu (3); car jusqu'ici nous n'avons parlé que de celle des hommes.

B. Adieu, monsieur; je vous conjure de nous tenir parole. Si vous ne venez pas, nous vous irons chercher.

---

(1) Boileau a dit encore :

Sans cesse en écrivant variez vos discours.
Un style trop égal et toujours uniforme
En vain brille à nos yeux, il faut qu'il nous endorme.

Art poétique, ch. I, v. 70.

(2) Fénelon joint ici l'exemple au précepte. Il descend aux objets les plus vulgaires, pour prouver que tout est susceptible d'entrer dans le discours.

(3) Le sujet du dialogue suivant est à l'avance indiqué, pour piquer la curiosité du lecteur.

DIALOGUE III.

ARGUMENT.

L'Écriture est la principale source où l'orateur sacré doit puiser. Au lieu d'interdire au prédicateur les ressources de l'éloquence et tous les secours de l'art, elle lui donne au contraire, sous ce rapport, les modèles les plus accomplis. L'Ancien et le Nouveau Testament renferment des beautés littéraires d'un ordre plus élevé qu'Homère et tous les poëtes de l'antiquité. Les prédicateurs n'auraient même rien de mieux à faire pour l'instruction des peuples que de les initier à toutes les connaissances renfermées dans les livres saints. Selon la méthode des Pères, ils devraient s'attacher à expliquer l'Écriture avec autant de solidité que d'onction, ou du moins ils devraient s'emparer des richesses qu'elle contient, et en orner leur style. A la méditation des saintes Écritures, il faudrait joindre l'étude des Pères. Si l'on était nourri de leur doctrine, on posséderait ce riche fonds de connaissances nécessaire à celui qui doit instruire les autres, la bouche parlerait de l'abondance du cœur, et on répandrait sur le peuple la plénitude de la science évangélique. On pourrait ainsi donner aux instructions un caractère plus solide, et faire connaître au peuple l'origine de toutes les traditions, de toutes les règles de discipline, de toutes les cérémonies, en un mot, le motif de tout ce qu'il voit et de tout ce qu'il entend quand il assiste à nos mystères. Ce dialogue remarquable se termine par la critique particulière de tous les principaux Pères de l'Église d'Occident et de l'Église d'Orient. Fénelon revient ensuite sur des points de détails qu'il a déjà touchés : le choix d'un texte, l'interprétation allégorique des saintes Écritures, et le caractère que devrait avoir le panégyrique chrétien.

C. Je doutais que vous vinssiez, et peu s'en est fallu que je n'allasse chez M. ***.

A. J'avais une affaire qui me gênait ; mais je m'en suis débarrassé heureusement.

C. J'en suis fort aise, car nous avons grand besoin d'achever la matière entamée.

B. Ce matin j'étais au sermon à ***, et je pensais à vous. Le prédicateur a parlé d'une manière édifiante, mais je doute que le peuple entendît bien ce qu'il disait.

A. Souvent cela arrive. J'ai vu une femme d'esprit qui disait que les prédicateurs parlent latin en français (1). La plus essentielle qualité d'un prédicateur est d'être instructif. Mais il faut être bien instruit pour instruire les autres : d'un côté, il faut entendre parfaitement toute la force des expressions de l'Écriture ; de l'autre, il faut connaître précisément la portée des esprits auxquels on parle : cela demande une science fort solide, et un grand discernement. On parle tous les jours au peuple, de l'Écriture, de l'Église, des deux lois (2), des sacrifices (3), de Moïse, d'Aaron, de Melchisédech, des prophètes, des apôtres ; et on ne se met point en peine de leur apprendre ce que signifient toutes ces choses, et ce qu'ont fait ces personnes-là. On suivrait vingt ans bien des prédicateurs, sans apprendre la religion comme on la doit savoir.

B. Croyez-vous qu'on ignore les choses dont vous parlez ?

A. Pour moi, je n'en doute pas. Peu de gens les entendent assez pour profiter des sermons.

B. Oui, le peuple grossier les ignore.

C. Hé bien ! le peuple, n'est-ce pas lui qu'il faut instruire ?

A. Ajoutez que la plupart des honnêtes gens sont peuple à cet égard-là (4). Il y a toujours les trois quarts de l'auditoire qui ignorent ces premiers fondements de la religion, que le prédicateur suppose qu'on sait.

(1) « Le sacré et le profane, dit la Bruyère, ne se quittaient point : ils s'étaient glissés ensemble jusque dans la chaire : saint Cyrille, Horace, saint Cyprien, Lucrèce, parlaient alternativement ; les poëtes étaient de l'avis de saint Augustin et de tous les Pères ; on parlait latin, et longtemps devant des femmes et des marguilliers ; on a parlé grec : il fallait savoir prodigieusement pour prêcher si mal. » Ces défauts furent ceux du quinzième et du seizième siècle, mais au dix-septième siècle ou ne se permettait plus ces citations déplacées.

(2) L'Ancien et le Nouveau Testament.

(3) Les sacrifices anciens prescrits par Moïse : le sacrifice de la croix et le sacrifice de la messe.

(4) « L'orateur, dit la Bruyère, ne devrait point supposer ce qui est faux ; je veux dire que le grand ou le beau monde sait sa religion ou ses devoirs. »

B. Mais voudriez-vous que, dans un bel auditoire, un prédicateur allât expliquer le catéchisme?

A. Je sais qu'il y faut apporter quelque tempérament; mais on peut, sans offenser ses auditeurs, rappeler les histoires qui sont l'origine et l'institution de toutes les choses saintes. Bien loin que cette recherche de l'origine fût basse, elle donnerait à la plupart des discours une force et une beauté qui leur manquent. Nous avions déjà fait hier cette remarque en passant, surtout pour les mystères. L'auditoire n'est ni instruit ni persuadé, si on ne remonte à la source. Comment, par exemple, ferez-vous entendre au peuple ce que l'Église dit si souvent après saint Paul, que Jésus-Christ est notre pâque, si on n'explique quelle était la pâque des Juifs, instituée pour être un monument éternel de la délivrance d'Égypte, et pour figurer une délivrance bien plus importante qui était réservée au Sauveur? C'est pour cela que je vous disais que presque tout est historique dans la religion. Afin que les prédicateurs comprennent bien cette vérité, il faut qu'ils soient savants dans l'Écriture.

B. Pardonnez-moi si je vous interromps à l'occasion de l'Écriture. Vous nous disiez hier qu'elle est éloquente. Je fus ravi de vous l'entendre dire, et je voudrais bien que vous m'apprissiez à en connaître les beautés. En quoi consiste cette éloquence? Le latin m'y paraît barbare en beaucoup d'endroits; je n'y trouve point de délicatesse de pensées. Où est donc ce que vous admirez (1) ?

A. Le latin n'est qu'une version littérale, où l'on a conservé par respect beaucoup de phrases hébraïques et grecques. Méprisez-vous Homère parce que nous l'avons traduit en mauvais français?

B. Mais le grec lui-même (car il est original pour presque tout le Nouveau Testament) me paraît fort mauvais.

(1) Ce sentiment n'a rien de surprenant dans un homme épris de la littérature ancienne, et qui n'a d'ailleurs admiré jamais que la forme dans les grands écrivains. Les humanistes les plus célèbres du seizième siècle partageaient ce sentiment. P. Bembo défendait à Sadolet de commenter saint Paul, dans la crainte qu'il ne s'exposât à gâter son beau style.

A. J en conviens. Les apôtres, qui ont écrit en grec, savaient mal cette langue, comme les autres Juifs hellénistes de leur temps : de là vient ce que dit saint Paul, *Imperitus sermone, sed non scientia* (1). Il est aisé de voir que saint Paul avoue qu'il ne sait pas bien la langue grecque, quoique d'ailleurs il leur explique exactement la doctrine des saintes Écritures.

B. Mais les apôtres n'eurent-ils pas le don des langues ?

A. Ils l'eurent sans doute, et il passa même jusqu'a un grand nombre de simples fidèles : mais, pour les langues qu'ils savaient déjà par des voies naturelles, nous avons sujet de croire que Dieu les leur laissa parler comme ils les parlaient auparavant. Saint Paul, qui était de Tarse, parlait naturellement le grec corrompu des Juifs hellénistes : nous voyons qu'il a écrit en cette manière. Saint Luc paraît l'avoir su un peu mieux (2).

C. Mais j'avais toujours compris que saint Paul voulait dire dans ce passage qu'il renonçait à l'éloquence, et qu'il ne s'attachait qu'à la simplicité de la doctrine évangélique. Oui sûrement, et je l'ai ouï dire à beaucoup de gens de bien, que l'Écriture sainte n'est point éloquente. Saint Jérôme fut puni pour s'être dégoûté de sa simplicité, et pour aimer mieux Cicéron (3). Saint Augustin paraît, dans ses *Confessions*, avoir commis la même faute (4). Dieu n'a-t-il pas voulu éprouver notre foi, non-seulement par l'obscurité, mais encore par la bassesse du style de l'Écriture, comme par la pauvreté de Jésus-Christ?

A. Monsieur, je crains que vous n'alliez trop loin. Qui croiriez-vous plutôt, ou de saint Jérôme puni pour avoir trop suivi dans sa retraite le goût des études de sa jeunesse, ou de saint Jérôme consommé dans la science sacrée et profane, qui invite Paulin, dans une

(1) II Cor., xi, 6.
(2) Saint Jérôme lui rend le même témoignage : *Lucas, medicus Antiochensis, ut ejus indicant, græci sermonis non ignarus fuit.* De Script. ecclesiast., col. 104.
(3) Saint Jérôme s'est reproché lui-même son attachement excessif a Cicéron et aux auteurs païens.
(4) *Conf.*, liv. III, ch. 4 et 5.

épître, à étudier l'Écriture sainte, et qui lui promet plus
de charmes dans les prophètes qu'il n'en a trouvé dans
les poëtes (1)? Saint Augustin avait-il plus d'autorité dans
sa première jeunesse, où la bassesse apparente du style de
l'Écriture, comme il le dit lui-même, le dégoûtait, que
quand il a composé ses livres de la *Doctrine chrétienne?*
Dans ces livres il dit souvent que saint Paul a une éloquence merveilleuse, et que ce torrent d'éloquence est
capable de se faire sentir, pour ainsi dire, à ceux même
qui dorment. Il ajoute qu'en saint Paul la sagesse n'a
point cherché la beauté des paroles, mais que la beauté
des paroles est allée au-devant de la sagesse. Il rapporte
de grands endroits de ses Épîtres, où il fait voir tout l'art
des orateurs profanes surpassé (2). Il excepte seulement
deux choses dans cette comparaison : l'une est, dit-il, que
les orateurs profanes ont cherché les ornements de l'éloquence, et que l'éloquence a suivi naturellement saint
Paul et les autres écrivains sacrés; l'autre est que saint
Augustin témoigne ne savoir pas assez les délicatesses
de la langue grecque, pour trouver dans les Écritures
saintes le nombre et la cadence des périodes qu'on trouve
dans les écrivains profanes. J'oubliais de vous dire qu'il
rapporte cet endroit du prophète Amos : *Malheur à vous
qui êtes opulents dans Sion, et qui vous confiez à la
montagne de Samarie* (3) ! Il assure que le prophète a
surpassé, en cet endroit, tout ce qu'il y a de merveilleux
dans les orateurs païens.

C. **Mais** comment entendez-vous ces paroles de saint
Paul, *Non in persuasibilibus humanæ sapientiæ verbis* (4) ? Ne dit-il pas aux Corinthiens qu'il n'est point
venu leur annoncer Jésus-Christ avec la sublimité du discours et de la sagesse; qu'il n'a su parmi eux que Jésus,
mais Jésus crucifié ; que sa prédication a été fondée, non
sur les discours persuasifs de la sagesse humaine, mais

(1) Hieronymus, *Epist.*, l. VIII.
(2) *De Doctrina christiana*, lib. IV, n. 11 et seq., t. III, p. 68 et seq.
(3) Amos, VI, 1.
(4) I Cor., II, v, 4.

sur les effets sensibles de l'esprit et de la puissance de
Dieu, afin, continue-t-il, que votre foi ne soit point fondée
sur la sagesse des hommes, mais sur la puissance divine (1)?
Que signifient donc ces paroles, monsieur? Que pouvait-il
dire de plus fort pour rejeter cet art de persuader que
vous établissez ici? Pour moi, je vous avoue que j'ai
été édifié, quand vous avez blâmé tous les ornements affectés que la vanité cherche dans le discours : mais la
suite ne soutient pas un si pieux commencement. Vous
allez faire de la prédication un art tout humain, et la
simplicité apostolique en sera bannie (2).

A. Vous êtes mal édifié de mon estime pour l'éloquence; et moi je suis fort édifié du zèle avec lequel
vous m'en blâmez. Cependant, monsieur, il n'est pas inutile de nous éclaircir là-dessus. Je vois beaucoup de gens
de bien, qui, comme vous, croient que les prédicateurs
éloquents blessent la simplicité évangélique. Pourvu que
nous nous entendions, nous serons bientôt d'accord.
Qu'entendez-vous par simplicité? qu'entendez-vous par
éloquence?

C. Par simplicité, j'entends un discours sans art et
sans magnificence; par éloquence, j'entends au contraire
un discours plein d'art et d'ornements.

A. Quand vous demandez un discours simple, voulez-
vous un discours sans ordre, sans liaison, sans preuves
solides et concluantes, sans méthode pour instruire les
ignorants? Voulez-vous un prédicateur qui n'ait rien de

(1) *Ut fides vestra non sit in sapientia hominum, sed in virtute
Dei.* Ibid., v. 5.
(2) Cette théorie austère qui tendait à dépouiller l'éloquence
chrétienne de tout ornement, sous prétexte de la ramener à la simplicité apostolique, fut soutenue par plusieurs jansénistes célèbres.
Arnauld, Nicole, et tous les hommes du premier ordre qui défendi-
rent cette secte, n'auraient pas avoué de pareils principes. Arnauld
les combattit même dans un livre qu'il intitula *Réflexions sur l'éloquence.* Mais, tout en les combattant, il les autorisa par l'exemple;
car, dans tous ses ouvrages, si l'on trouve beaucoup d'érudition et
une logique pressante, on est obligé de convenir qu'ils sont absolument dépourvus de grâce et d'ornement.

pathétique, et qui ne s'applique point à toucher les cœurs ?

C. Tout au contraire, je demande un discours qui instruise et qui touche.

A. Vous voulez donc qu'il soit éloquent, car nous avons déjà vu que l'éloquence n'est que l'art d'instruire et de persuader les hommes en les touchant.

C. Je conviens qu'il faut instruire et toucher; mais je voudrais qu'on le fît sans art, et par la simplicité apostolique.

A. Voyons donc si l'art et la simplicité apostolique sont incompatibles. Qu'entendez-vous par art?

C. J'entends certaines règles que l'esprit humain a trouvées, et qu'il suit dans le discours, pour le rendre plus beau et plus poli.

A. Si vous n'entendez par art que cette invention de rendre un discours plus poli pour plaire aux auditeurs, je ne dispute point sur les mots, et j'avoue qu'il faut ôter l'art des sermons; car cette vanité, comme nous l'avons vu (1), est indigne de l'éloquence, à plus forte raison du ministère apostolique. Ce n'est que sur cela que j'ai tant raisonné avec M. B. (2). Mais si vous entendez par art et par éloquence ce que tous les habiles d'entre les anciens ont entendu, il ne faudra pas raisonner de même.

C. Comment l'entendaient-ils donc?

A. Selon eux, l'art de l'éloquence consiste dans les moyens que la réflexion et l'expérience ont fait trouver pour rendre un discours propre à persuader la vérité, et à en exciter l'amour dans le cœur des hommes; et c'est cela même que vous voulez trouver dans un prédicateur. Ne m'avez-

(1) Voyez ce qui a été dit dans presque tout le dialogue précédent.
(2) Ce second interlocuteur avait soutenu tous les principes des humanistes du seizième siècle. Les jésuites s'étaient rapprochés de ces erreurs; et dans leur lutte contre Port-Royal, sous le rapport de l'enseignement, ils avaient aussi donné dans un autre extrême. Au milieu de ces grandes luttes, Fénelon a la sagesse de ne se prononcer pour aucun parti. Il montre la vérité en dehors de l'esprit de système, il l'expose, la développe, jusqu'à ce qu'il l'ait fait triompher par l'évidence.

vous pas dit tout à cette heure que vous voulez de l'ordre, de la méthode pour instruire, de la solidité de raisonnement, et des mouvements pathétiques, c'est-à-dire qui touchent et qui remuent les cœurs? L'éloquence n'est que cela. Appelez-la comme vous voudrez.

C. Je vois bien maintenant à quoi vous réduisez l'éloquence. Sous cette forme sérieuse et grave, je la trouve digne de la chaire, et nécessaire même pour instruire avec fruit. Mais comment entendez-vous le passage de saint Paul contre l'éloquence? Je vous en ai déjà dit les paroles : n'est-il pas formel ?

A. Permettez-moi de commencer par vous demander une chose.

C. Volontiers.

A. N'est-il pas vrai que saint Paul raisonne admirablement dans ses Épîtres? Ses raisonnements contre les philosophes païens et contre les Juifs, dans l'épître aux Romains, ne sont-ils pas beaux? Ce qu'il dit sur l'impuissance de la loi pour justifier les hommes, n'est-il pas fort (1) ?

C. Oui, sans doute.

A. Ce qu'il dit dans l'épître aux Hébreux sur l'insuffisance des anciens sacrifices, sur le repos promis par David aux enfants de Dieu, outre celui dont ils jouissaient dans la Palestine depuis Josué, sur l'ordre d'Aaron et sur celui de Melchisédech, et sur l'alliance spirituelle et éternelle qui devait nécessairement succéder à l'alliance charnelle que Moïse avait apportée pour un temps (2), tout cela n'est-il pas d'un raisonnement subtil et profond?

C. J'en conviens.

A. Saint Paul n'a donc pas voulu exclure du discours la sagesse et la force du raisonnement.

C. Cela est visible par son propre exemple.

A. Pourquoi croyez-vous qu'il ait voulu plutôt en exclure l'éloquence que la sagesse ?

(1) Rom., cap. I, II, III et IV.
(2) Hebr. Voir cette épître presque tout entière.

C. C'est parce qu'il rejette l'éloquence dans le passage dont je vous demande l'explication.

A. N'y rejette-t-il pas aussi la sagesse? Sans doute : ce passage est encore plus décisif contre la sagesse et le raisonnement humain, que contre l'éloquence. Il ne laisse pourtant pas lui-même de raisonner et d'être éloquent. Vous convenez de l'un, et saint Augustin vous assure de l'autre (1).

C. Vous me faites parfaitement bien voir la difficulté; mais vous ne m'éclaircissez point. Comment expliquez-vous cela?

A. Le voici : Saint Paul a raisonné, saint Paul a persuadé; ainsi il était, dans le fond, excellent philosophe et orateur. Mais sa prédication, comme il le dit dans le passage en question, n'a été fondée ni sur le raisonnement ni sur la persuasion humaine; c'était un ministère dont toute la force venait d'en haut. La conversion du monde entier devait être, selon les prophéties, le grand miracle du christianisme. C'était ce royaume de Dieu qui venait du ciel, et qui devait soumettre au vrai Dieu toutes les nations de la terre. Jésus-Christ crucifié annoncé aux peuples devait attirer tout à lui (2), mais attirer par l'unique vertu de sa croix. Les philosophes avaient raisonné sans convertir les hommes et sans se convertir eux-mêmes; les Juifs avaient été les dépositaires d'une loi qui leur montrait leurs maux sans leur apporter le remède; tout était sur la terre convaincu d'égarement et de corruption (3). Jésus-Christ vient avec sa croix, c'est-à-dire qu'il vient pauvre, humble et souffrant pour nous, pour imposer silence à notre raison vaine et présomptueuse: il ne raisonne point comme les philosophes, mais il décide avec autorité par ses miracles et par sa grâce; il montre

(1) Ce docteur était l'oracle des jansénistes. Ils le comprenaient mal, mais c'était toujours à lui qu'ils en appelaient. C'est sans doute pour ce motif que Fénelon le cite ici.

(2) *Et ego si exaltatus fuero a terra, omnia traham ad meipsum.* Joan., XII, 32.

(3) Fénelon ne fait ici que résumer la doctrine de saint Paul. (Voyez l'épître aux Romains et l'épître aux Corinthiens.)

8.

qu'il est au-dessus de tout : pour confondre la fausse sagesse des hommes, il leur oppose la folie et le scandale de sa croix, c'est-à-dire l'exemple de ses profondes humiliations. Ce que le monde croit une folie, ce qui le scandalise le plus, est ce qui le doit ramener à Dieu (1). L'homme a besoin d'être guéri de son orgueil et de son amour pour les choses sensibles. Dieu le prend par là, il lui montre son Fils crucifié. Ses apôtres le prêchent, marchant sur ses traces. Ils n'ont recours à nul moyen humain; ni philosophie, ni éloquence, ni politique, ni richesse, ni autorité. Dieu, jaloux de son œuvre, n'en veut devoir le succès qu'à lui-même : il choisit ce qui est faible, il rejette ce qui est fort, afin de manifester plus sensiblement sa puissance. Il tire tout du néant pour convertir le monde, comme pour le former. Ainsi cette œuvre doit avoir ce caractère divin, de n'être fondée sur rien d'estimable selon la chair. C'eût été affaiblir et évacuer, comme dit saint Paul (2), la vertu miraculeuse de la croix, que d'appuyer la prédication de l'Évangile sur les secours de la nature. Il fallait que l'Évangile, sans préparation humaine, s'ouvrît lui-même les cœurs, et qu'il apprît au monde, par ce prodige, qu'il venait de Dieu. Voilà la sagesse humaine confondue et réprouvée. Que faut-il conclure de là? Que la conversion des peuples et l'établissement de l'Église ne sont point dus aux raisonnements et aux discours persuasifs des hommes. Ce n'est pas qu'il n'y ait eu de l'éloquence et de la sagesse dans la plupart de ceux qui ont annoncé Jésus-Christ : mais ils ne se sont point confiés à cette sagesse et à cette éloquence; mais ils ne l'ont point recherchée comme ce qui devait donner de l'efficace à leurs paroles. Tout a été fondé, comme dit saint Paul (3), non sur les discours persuasifs de la philosophie humaine, mais sur les effets de l'esprit et de la

(1) I Cor. I, v. 25-26.

(2) Non in sapientia verbi, ut non evacuetur crux Christi. I Cor., I, v. 17.

(3) Non in persuasibilibus humanæ sapientiæ verbis, sed in ostensione spiritus et virtutis. *Ibid.*, II, 4.

vertu de Dieu, c'est-à-dire sur les miracles qui frappaient les yeux, et sur l'opération intérieure de la grâce.

C. C'est donc, selon vous-même, évacuer la croix du Sauveur, que de se fonder sur la sagesse et sur l'éloquence humaine en prêchant.

A. Oui, sans doute : le ministère de la parole est tout fondé sur la foi. Il faut prier, il faut purifier son cœur, il faut attendre tout du ciel, il faut s'armer du glaive de la parole de Dieu, et ne point compter sur la sienne : voilà la préparation essentielle. Mais quoique le fruit intérieur de l'Évangile ne soit dû qu'à la pure grâce et à l'efficace de la parole de Dieu, il y a pourtant certaines choses que l'homme doit faire de son côté.

C. Jusqu'ici vous avez bien parlé; mais vous allez, je le vois bien, rentrer dans vos premiers sentiments.

A. Je ne pense pas en être sorti. Ne croyez-vous pas que l'ouvrage de notre salut dépend de la grâce ?

C. Oui, cela est de foi.

A. Vous reconnaissez néanmoins qu'il faut de la prudence pour choisir certains genres de vie et pour fuir les occasions dangereuses. Ne voulez-vous pas qu'on veille et qu'on prie? Quand on aura veillé et prié, aura-t-on évacué le mystère de la grâce? Non, sans doute. Nous devons tout à Dieu; mais Dieu nous assujettit à un ordre extérieur de moyens humains. Les apôtres n'ont point cherché la vaine pompe et les grâces frivoles des orateurs païens; ils ne se sont point attachés aux raisonnements subtils des philosophes, qui faisaient tout dépendre de ces raisonnements dans lesquels ils s'évaporaient, comme dit saint Paul (1); ils se sont contentés de prêcher Jésus-Christ avec toute la force et toute la magnificence du langage de l'Écriture. Il est vrai qu'ils n'avaient besoin d'aucune préparation pour ce ministère, parce que le Saint-Esprit, descendu visiblement sur eux, leur donnait à l'heure même des paroles. La différence qu'il y a donc entre les apôtres et leurs successeurs, est

_____

(1) Evanuerunt in cogitationibus suis. Rom., I. 2t.

que leurs successeurs, n'étant pas inspirés miraculeusement comme eux, ont besoin de se préparer et de se remplir de la doctrine et de l'esprit des Écritures pour former
leurs discours (1). Mais cette préparation ne doit jamais
tendre à parler moins simplement que les apôtres. Ne
serez-vous pas content pourvu que les prédicateurs ne
soient pas plus ornés dans leurs discours que saint Pierre,
saint Paul, saint Jacques, saint Jude et saint Jean ?

C. Je conviens que je le dois être ; et j'avoue que l'éloquence ne consistant, comme vous le dites, que dans
l'ordre et dans la force des paroles par lesquelles on persuade et on touche, elle ne me scandalise plus comme
elle le faisait. J'avais toujours pris l'éloquence pour un
art entièrement profane.

A. Deux sortes de gens en ont cette idée : les faux
orateurs ; et nous avons vu combien ils s'égarent en
cherchant l'éloquence dans une vaine pompe de paroles :
les gens de bien qui ne sont pas assez instruits ; et, pour
ceux-là, vous voyez que, renonçant par humilité à l'é-
loquence comme à un faste de paroles, ils cherchent
néanmoins l'éloquence véritable, puisqu'ils s'efforcent de
persuader et de toucher.

C. J'entends maintenant tout ce que vous dites. Mais
revenons à l'éloquence de l'Écriture.

A. Pour la sentir, rien n'est plus utile que d'avoir le
goût de la simplicité antique : surtout la lecture des anciens Grecs sert beaucoup à y réussir (2). Je dis des
anciens ; car les Grecs, que les Romains méprisaient tant
avec raison, et qu'ils appelaient *Græculi*, avaient entièrement dégénéré. Comme je vous le disais hier, il faut
connaître Homère, Platon, Xénophon, et les autres des
anciens temps ; après cela l'Écriture ne vous surprendra
plus. Ce sont presque les mêmes coutumes, les mêmes

(1) Saint Grégoire de Nazianze disait absolument la même chose
aux évêques ignorants de son temps. (Voy. Tillemont, t. IX, p. 442.)
(2) D'après cette observation de Fénelon, on voit tout le profit
qu'on peut tirer de l'étude des anciens pour apprécier les beautés
littéraires de la Bible.

narrations, les mêmes images des grandes choses, les
mêmes mouvements. La différence qui est entre eux est
tout entière à l'honneur de l'Écriture : elle les surpasse
tous infiniment en naïveté, en vivacité, en grandeur.
Jamais Homère même n'a approché de la sublimité de
Moïse dans ses cantiques, particulièrement le dernier (1),
que tous les enfants des Israélites devaient apprendre par
cœur. Jamais nulle ode grecque ou latine n'a pu atteindre
à la hauteur des Psaumes. Par exemple, celui qui commence ainsi, *Le Dieu des dieux, le Seigneur a parlé,
et il a appelé la terre* (2), surpasse toute imagination
humaine. Jamais Homère, ni aucun autre poëte, n'a égalé
Isaïe peignant la majesté de Dieu, aux yeux duquel les
royaumes ne sont qu'un grain de poussière, l'univers
qu'une tente qu'on dresse aujourd'hui et qu'on enlèvera
demain (3) : tantôt ce prophète a toute la douceur et la
tendresse d'une églogue, dans les riantes peintures qu'il fait
de la paix ; tantôt il s'élève jusqu'à laisser tout au-dessous
de lui. Mais qu'y a-t-il, dans l'antiquité profane, de compa-
rable au tendre Jérémie déplorant les maux de son peuple (4), ou à Nahum voyant de loin en esprit tomber la
superbe Ninive sous les efforts d'une armée innombra-
ble (5)? On croit voir cette armée, on croit entendre le
bruit des armes et des chariots; tout est dépeint d'une
manière vive qui saisit l'imagination : il laisse Homère
loin derrière lui. Lisez encore Daniel dénonçant à Bal-
thasar la vengeance de Dieu toute prête à fondre sur
lui (6); et cherchez, dans les plus sublimes originaux de
l'antiquité, quelque chose qu'on puisse comparer à ces
endroits-là. Au reste, tout se soutient dans l'Écriture,
tout y garde le caractère qu'il doit avoir, l'histoire, le

(1) Ce cantique a pour objet de confondre l'injustice des Juifs, en
célébrant les bontés et les merveilles de Dieu. Il le composa immé-
diatement avant sa mort. *Deut.*, XXXII.
(2) Deus Deorum Dominus locutus est : et vocavit terram. Ps. XLIX.
(3) Is., cap. XXIV.
(4) Jér., *de Lament.*
(5) Nahum, ch. II.
(6) Dan., ch. V.

détail des lois, les descriptions, les endroits véhéments, les mystères, les discours de morale. Enfin il y a autant de différence entre les poëtes profanes et les prophètes, qu'il y en a entre le véritable enthousiasme et le faux. Les uns, véritablement inspirés, expriment sensiblement quelque chose de divin ; les autres, s'efforçant de s'élever au-dessus d'eux-mêmes, laissent toujours voir en eux la faiblesse humaine. Il n'y a que le second livre des Machabées, le livre de la Sagesse surtout à la fin, et celui de l'Ecclésiastique (1) surtout au commencement, qui se sentent de l'enflure du style que les Grecs, alors déjà déchus, avaient répandu dans l'Orient, où leur langue s'était établie avec leur domination. Mais j'aurais beau vouloir vous parler de ces choses, il faut les lire pour les sentir.

B. Il me tarde d'en faire l'essai. On devrait s'appliquer à cette étude plus qu'on ne fait.

C. Je m'imagine bien que l'Ancien Testament est écrit avec cette magnificence et ces peintures vives dont vous nous parlez. Mais vous ne dites rien de la simplicité des paroles de Jésus-Christ.

A. Cette simplicité de style est tout à fait du goût antique; elle est conforme et à Moïse et aux prophètes, dont Jésus-Christ prend assez souvent les expressions : mais, quoique simple et familier, il est sublime et figuré en bien des endroits. Il serait aisé de montrer en détail, les livres à la main, que nous n'avons point de prédicateur en notre siècle qui ait été aussi figuré dans ses sermons les plus préparés, que Jésus-Christ l'a été dans ses prédications populaires (2). Je ne parle point de ses discours rapportés par saint Jean, où presque tout est sensiblement divin (3); je parle de ses discours les plus familiers écrits par les

(1) Tous ces livres sont bien postérieurs aux autres livres de l'Ancien Testament. Le second livre des Machabées fut écrit par un des juifs que Ptolémée établit dans la Cyrénaïque.

(2) Il ne parle que par paraboles, et il représente tout ce qu'il dit sous les images les plus sensibles.

(3) Saint Jean ayant eu pour but d'établir contre les hérétiques de son temps la divinité de Jésus-Christ, dans tous ses récits il s'attache surtout à faire ressortir ce caractère.

autres évangélistes. Les apôtres ont écrit de même : avec
cette différence que Jésus-Christ, maître de sa doctrine,
la distribue tranquillement ; il dit ce qu'il lui plaît, et il le
dit sans aucun effort ; il parle du royaume et de la gloire
céleste comme de la maison de son Père. Toutes ces gran-
deurs qui nous étonnent lui sont naturelles ; il y est né (1),
et il ne dit que ce qu'il voit, comme il nous l'assure lui-
même. Au contraire, les apôtres succombent sous le poids
des vérités qui leur sont révélées ; ils ne peuvent exprimer
tout ce qu'ils conçoivent, les paroles leur manquent : de là
viennent ces transpositions, ces expressions confuses, ces
liaisons de discours qui ne peuvent finir. Toute cette irré-
gularité de style marque, dans saint Paul et dans les autres apôtres, que l'esprit de Dieu entraînait le leur : mais,
nonobstant tous ces petits désordres pour la diction, tout y
est noble, vif et touchant. Pour l'Apocalypse, on y trouve
la même magnificence et le même enthousiasme que dans
les prophètes : les expressions sont souvent les mêmes (2),
et quelquefois ce rapport fait qu'ils s'aident mutuellement
à être entendus. Vous voyez donc que l'éloquence n'appartient pas seulement aux livres de l'Ancien Testament,
mais qu'elle se trouve aussi dans le Nouveau.

C. Supposé que l'Écriture soit éloquente, qu'en voulez-vous conclure ?

A. Que ceux qui doivent la prêcher peuvent, sans scru-
pule, imiter ou plutôt emprunter son éloquence.

C. Aussi en choisit-on les passages qu'on trouve les plus
beaux.

A. C'est défigurer l'Écriture, que de ne la faire connaître
aux chrétiens que par des passages détachés. Ces passages,
tout beaux qu'ils sont, ne peuvent seuls faire sentir toute

---

(1) Bossuet dit de J. C. : « On le voit plein des secrets de David ;
mais on voit qu'il n'en est point étonné, comme les autres mortels
à qui Dieu se communique : il en parle naturellement, comme étant
né dans ce secret et dans cette gloire ; *et ce qu'il a sans mesure*, il
le répand avec mesure, afin que notre faiblesse puisse la porter. »
Disc. sur l'Hist. univ., IIᵉ part , ch. xıx.

(2) On y retrouve surtout les expressions de Daniel et les descriptions d'Ézéchiel.

leur beauté, quand on n'en connaît point la suite ; car tout est suivi dans l'Écriture, et cette suite est ce qu'il y a de plus grand et de plus merveilleux. Faute de la connaître, on prend ces passages à contre-sens ; on leur fait dire tout ce qu'on veut, et on se contente de certaines interprétations ingénieuses, qui, étant arbitraires, n'ont aucune force pour persuader les hommes et pour redresser leurs mœurs.

B. Que voudriez-vous donc des prédicateurs ? qu'ils ne fissent que suivre le texte de l'Écriture ?

A. Attendez : au moins je voudrais que les prédicateurs ne se contentassent pas de coudre ensemble des passages rapportés ; je voudrais qu'ils expliquassent les principes et l'enchaînement de la doctrine de l'Écriture ; je voudrais qu'ils en prissent l'esprit, le syle et les figures ; que tous leurs discours servissent à en donner l'intelligence et le goût (1). Il n'en faudrait pas davantage pour être éloquent : car ce serait imiter le plus parfait modèle de l'éloquence.

B. Mais pour cela il faudrait donc, comme je vous disais, expliquer de suite le texte.

A. Je ne voudrais pas y assujettir tous les prédicateurs. On peut faire des sermons sur l'Écriture sans expliquer l'Écriture de suite. Mais il faut avouer que ce serait tout autre chose, si les pasteurs, suivant l'ancien usage, expliquaient de suite les saints livres au peuple. Représentez-vous quelle autorité aurait un homme qui ne dirait rien de sa propre invention, et qui ne ferait que suivre et expliquer les pensées et les paroles de Dieu même. D'ailleurs il ferait deux choses à la fois : en expliquant les vérités de l'Écriture, il en expliquerait le texte, et accoutumerait les chrétiens à joindre toujours le sens et la lettre (2). Quel avantage pour les accoutumer à se nourrir

(1) Cette méthode était celle des Pères. Ils prenaient un des livres de l'Écriture, et en continuaient le commentaire jusqu'à ce qu'il fût épuisé.

2) Si cette méthode n'avait jamais été abandonnée, le protestantisme n'aurait pas eu des armes aussi puissantes contre le catholicisme, à la première époque de son insurrection.

de ce pain sacré! Un auditoire qui aurait déjà entendu expliquer toutes les principales choses de l'ancienne loi, serait bien autrement en état de profiter de l'explication de la nouvelle, que ne le sont la plupart des chrétiens d'aujourd'hui. Le prédicateur dont nous parlions tantôt (1) a ce défaut parmi de grandes qualités, que ses sermons sont de beaux raisonnements sur la religion, et qu'ils ne sont point la religion même. On s'attache trop aux peintures morales (2), et on n'explique pas assez les principes de la doctrine évangélique.

B. C'est qu'il est bien plus aisé de peindre les désordres du monde, que d'expliquer solidement le fond du christianisme. Pour l'un, il ne faut que de l'expérience du commerce du monde, et des paroles : pour l'autre, il faut une sérieuse et profonde méditation des saintes Écritures. Peu de gens savent assez toute la religion pour la bien expliquer. Tel fait des sermons qui sont beaux, qui ne saurait faire un catéchisme solide, encore moins une homélie (3).

A. Vous avez mis le doigt sur le but. Aussi la plupart des sermons sont-ils des raisonnements de philosophes. Souvent on ne cite l'Écriture qu'après coup, par bienséance ou pour l'ornement. Alors ce n'est plus la parole de Dieu, c'est la parole et l'invention des hommes.

C. Vous convenez bien que ces gens-là travaillent à évacuer la croix de Jésus-Christ.

A. Je vous les abandonne. Je me retranche (4) à l'éloquence de l'Écriture, que les prédicateurs évangéliques doivent imiter. Ainsi nous sommes d'accord, pourvu que

_____

(1) Le P. Bourdaloue.
(2) Ce défaut fut encore bien plus sensible au dix-huitième siècle. Bossuet, la Bruyère, tous les grands hommes du siècle de Louis XIV, se plaignaient avec Fénelon de ce qu'on ne développait pas assez la doctrine; mais leurs réclamations ne furent pas entendues. On évita de plus en plus d'approfondir les dogmes, et les incroyants eurent beau jeu.
(3) L'homélie est une explication familière d'un texte de l'Écriture ou d'un point de religion. Ce mot vient du grec ὁμιλία, qui signifie assemblée, conférence, entretien.
(4) Je me retranche à .. pour je m'en tiens à.

9

vous n'excusiez pas certains prédicateurs zélés, qui, sot
prétexte de simplicité apostolique, n'étudient solidemer
ni la doctrine de l'Écriture, ni la manière merveilleus
dont Dieu nous y a appris à persuader les hommes : i
s'imaginent qu'il n'y a qu'à crier, et qu'à parler souver
du diable et de l'enfer (1). Sans doute il faut frapper l
peuples par des images vives et terribles ; mais c'est dar
l'Écriture qu'on apprendrait à faire ces grandes impres
sions. On y apprendrait aussi admirablement la manièr
de rendre les instructions sensibles et populaires, sans leu
faire perdre la gravité et la force qu'elles doivent avoi
Faute de ces connaissances, on ne fait souvent qu'étou
dir le peuple : il ne lui reste dans l'esprit guère de vérit
distinctes, et les impressions de crainte même ne sor
pas durables. Cette simplicité qu'on affecte n'est quelqu
fois qu'une ignorance et une grossièreté qui tente Dieu
Rien ne peut excuser ces gens-là, que la droiture de leur
intentions. Il faudrait avoir longtemps étudié et médit
les saintes Écritures (2), avant que de prêcher. Un prêtr
qui les saurait bien solidement, et qui aurait le talent d
parler, joint à l'autorité du ministère et du bon exemple
n'aurait pas besoin d'une longue préparation pour fair
d'excellents discours : on parle aisément des choses don
on est plein et touché. Surtout une matière comme cell
de la religion fournit de hautes pensées, et excite de grand
sentiments : voilà ce qui fait la vraie éloquence. Mais
faudrait trouver, dans un prédicateur, un père qui parlâ
à ses enfants avec tendresse, et non un déclamateur qu
prononçât avec emphase. Ainsi il serait à souhaiter qu'i
n'y eût communément que les pasteurs qui donnassent la
pâture aux troupeaux selon leurs besoins. Pour cela i
ne faudrait d'ordinaire choisir pour pasteurs que des pré

(1) Fénelon avait probablement en vue quelques missionnaires ignorants, qui croyaient avoir tout fait lorsqu'ils avaient effrayé le
peuple.

(2) Saint François de Sales rapporte même à la parole de Dieu
tous les moyens de preuve qu'il met à la disposition de l'orateur sacré. (Voyez son excellent *Traité de la Prédication*, au t. III de ses
OEuvres complètes.)

tres qui eussent le don de la parole. Il arrive au contraire
deux maux : l'un, que les pasteurs muets ou qui parlent
sans talent sont peu estimés ; l'autre, que la fonction de
prédicateur volontaire attire dans cet emploi je ne sais
combien d'esprits vains et ambitieux (1). Vous savez que
le ministère de la parole a été réservé aux évêques pendant plusieurs siècles, surtout en Occident. Vous connaissez l'exemple de saint Augustin, qui, contre la règle
commune, fut engagé, n'étant encore que prêtre, à
prêcher, parce que Valérius, son prédécesseur, était un
étranger qui ne parlait pas facilement : voilà le commencement de cet usage en Occident. En Orient, on commença
plus tôt à faire prêcher les prêtres : les sermons que saint
Chrysostome, n'étant que prêtre, fit à Antioche, en sont
une marque.

C. Je suis persuadé de cela comme vous. Il ne faudrait
communément laisser prêcher que les pasteurs (2); ce
serait le moyen de rendre à la chaire la simplicité et l'autorité qu'elle doit avoir : car les pasteurs qui joindraient à
l'expérience du travail, et de la conduite des âmes, la
science des Écritures, parleraient d'une manière bien plus
convenable aux besoins de leurs auditeurs ; au lieu que
les prédicateurs qui n'ont que la spéculation entrent bien
moins dans les difficultés, ne se proportionnent guère aux
esprits, et parlent d'une manière plus vague. Outre la
grâce attachée à la voix du pasteur, voilà des raisons
sensibles pour préférer ses sermons à ceux des autres. A
quel propos tant de prédicateurs jeunes, sans expérience,
sans science, sans sainteté ? Il vaudrait bien mieux avoir
moins de sermons, et en avoir de meilleurs.

B. Mais il y a beaucoup de prêtres qui ne sont point
pasteurs, et qui prêchent avec beaucoup de fruit. Com-

_____

(1) « Le métier de la parole, dit la Bruyère, ressemble en une
chose à celui de la guerre : il y a plus de risque qu'ailleurs, mais
la fortune y est plus rapide. »

(2) Ce sentiment paraîtra exagéré ; mais il faut remarquer que ce
n'est pas ici Fénelon qui parle, c'est celui de ses interlocuteurs dont
les maximes nous ont toujours paru trop austères.

bien y a-t-il même de religieux qui remplissent dignem
les chaires !

C. J'en conviens : aussi voudrais-je les faire pasteu
Ce sont ces gens-là qu'il faudrait établir malgré eux d
les emplois à charge d'âmes. Ne cherchait-on pas autref
parmi les solitaires ceux qu'on voulait élever sur le cha
delier de l'Église?

A. Mais ce n'est pas à nous à régler la discipline (
chaque temps a ses coutumes, selon les conjonctur
Respectons, monsieur, toutes les tolérances de l'Égli
et, sans aucun esprit de critique, achevons de form
selon notre idée un vrai prédicateur.

C. Il me semble que je l'ai déjà tout entière sur
choses que vous avez dites.

A. Voyons ce que vous en pensez.

C. Je voudrais qu'un homme eût étudié solidem
pendant sa jeunesse tout ce qu'il y a de plus utile d
la poésie et dans l'éloquence grecque et latine.

A. Cela n'est pas nécessaire. Il est vrai que, quand
a bien fait ces études, on en peut tirer un grand fr
pour l'intelligence même de l'Écriture, comme saint Bas
l'a montré dans un traité qu'il a fait exprès sur ce s
jet (2). Mais, après tout, on peut s'en passer. Dans
premiers siècles de l'Église, on s'en passait effectiveme
Ceux qui avaient étudié ces choses lorsqu'ils étaient d
le siècle, en tiraient de grands avantages pour la religi
lorsqu'ils étaient pasteurs; mais on ne permettait pa
ceux qui les ignoraient (3) de les apprendre lorsqu'
étaient déjà engagés dans l'étude des saintes lettres.
était persuadé que l'Écriture suffisait (4) : de là vient
que vous voyez dans les *Constitutions apostoliques* (

---

(1) Ici Fénelon reparaît, mais c'est toujours avec l'esprit de
dération et de sagesse dont il a fait preuve pendant toute sa vie.

(2) Voyez saint Basile, *de la Lecture des livres païens*.

(3) On craignait que leur vertu ne courût de trop grands pé
dans l'étude des auteurs, dont la plupart des ouvrages renferm
des détails de mœurs vraiment dangereux. (Voy. le P. Balthus,
reté du Christianisme.)

(4) Saint August., *de Doctr. Christ.*

(5) Vid. *Constitut*, l. II, cap. vi. (Labbe, Concil, t. I, p. 213.

qui exhortent les fidèles à ne lire point les auteurs païens. Si vous voulez de l'histoire, dit ce livre, si vous voulez des lois, des préceptes moraux, de l'éloquence, de la poésie, vous trouvez tout dans les Écritures (1). En effet, on n'a pas besoin, comme nous l'avons vu, de chercher ailleurs ce qui peut former le goût et le jugement pour l'éloquence même. Saint Augustin dit (2) que plus on est pauvre de son propre fonds, plus on doit s'enrichir dans ces sources sacrées ; et qu'étant par soi-même petit pour exprimer de si grandes choses, on a besoin de croître par cette autorité de l'Écriture. Mais je vous demande pardon de vous avoir interrompu. Continuez, s'il vous plaît, monsieur.

C. Hé bien ! contentons-nous de l'Écriture. Mais n'y ajouterons-nous pas les Pères ?

A. Sans doute (3) : ils sont les canaux de la tradition ; c'est par eux que nous découvrons la manière dont l'Église a interprété l'Écriture dans tous les siècles.

C. Mais faut-il s'engager à expliquer toujours tous les passages suivant les interprétations qu'ils leur ont données ? Il me semble que souvent l'un donne un sens spirituel, et l'autre un autre tout différent : lequel choisir ? car on n'aurait jamais fait, si on voulait les dire tous.

A. Quand on dit qu'il faut toujours expliquer l'Écriture conformément à la doctrine des Pères, c'est-à-dire à leur doctrine constante et uniforme. Ils ont donné souvent des sens pieux qui n'ont rien de littéral, ni de fondé sur la doctrine des mystères et des figures prophétiques. Ceux-là sont arbitraires ; et alors on n'est pas obligé de les suivre, puisqu'ils ne se sont pas suivis les uns les autres. Mais, dans les endroits où ils expliquent le sentiment de l'Église sur la doctrine de la foi, ou sur les principes des mœurs, il n'est pas permis d'expliquer l'Écriture en un

---

(1) Saint August., *de Doctr. Christ.*, lib. II, cap. 6.
(2) *Ibid.*, lib. IV.
(3) « Qu'est-ce autre chose, dit saint François de Sales, la doctrine des Pères de l'Église, que l'Évangile expliqué, que l'Écriture sainte exposée ? (*Traité de la Prédication*, ch. III, art. 1, sect. 1.)

sens contraire à leur doctrine. Voilà comment il faut re
connaître leur autorité.

C. Cela me paraît clair. Je voudrais qu'un prêtre, avan
que de prêcher, connût le fond de leur doctrine pou
s'y conformer. Je voudrais même qu'on étudiât leu
principes de conduite, leurs règles de modération, et le
méthode d'instruire.

A. Fort bien, ce sont nos maîtres. C'étaient des espri
très-élevés, de grandes âmes pleines de sentiments héro
ques, des gens qui avaient une expérience merveilleu
des esprits et des mœurs des hommes, qui avaient acqu
une grande autorité, et une grande facilité de parler (1
On voit même qu'ils étaient très-polis, c'est-à-dire parfa
tement instruits de toutes les bienséances, soit pour écrir
soit pour parler en public, soit pour converser familièr
ment, soit pour remplir toutes les fonctions de la vie c
vile. Sans doute tout cela devait les rendre fort éloquent
et fort propres à gagner les hommes. Aussi trouve-t-o
dans leurs écrits une politesse, non-seulement de parole
mais de sentiments et de mœurs, qu'on ne trouve poi
dans les écrivains des siècles suivants. Cette politesse, qu
s'accorde très-bien avec la simplicité, et qui les renda
gracieux et insinuants, faisait de grands effets pour l
religion. C'est ce qu'on ne saurait trop étudier en eu
Ainsi, après l'Écriture, voilà les sources pures des bon
sermons.

C. Quand un homme aurait acquis ce fonds, et que se
vertus exemplaires auraient édifié l'Église, il serait e
état d'expliquer l'Évangile avec beaucoup d'autorité e
de fruit. Par les instructions familières et par les confé
rences dans lesquelles on l'aurait exercé de bonne heur
il aurait acquis une liberté et une facilité suffisante pou
bien parler. Je comprends encore que de telles gens, étan
appliqués à tout le détail du ministère, c'est-à-dire à ad
ministrer les sacrements, à conduire les âmes, à console

---

(1) Voyez le bel éloge qu'en fait Bossuet dans sa *Défense de l
Tradition et des Pères*.

les mourants et les affligés, ils ne pourraient point avoir le temps d'apprendre par cœur des sermons fort étudiés : il faudrait que la bouche parlât selon l'abondance du cœur, c'est-à-dire qu'elle répandit sur le peuple la plénitude de la science évangélique et les sentiments affectueux du prédicateur. Sur ce que vous disiez hier des sermons qu'on apprend par cœur, j'ai eu la curiosité d'aller chercher un endroit de saint Augustin que j'avais lu autrefois : en voici le sens. Il prétend que les prédicateurs doivent parler d'une manière encore plus claire et plus sensible que les autres gens, parce que, la coutume et la bienséance ne permettant pas de les interroger, ils doivent craindre de ne se proportionner pas assez à leurs auditeurs. C'est pourquoi, dit-il, ceux qui apprennent leurs sermons mot à mot, et qui ne peuvent répéter et éclaircir une vérité jusqu'à ce qu'ils remarquent qu'on l'a comprise, se privent d'un grand fruit (1). Vous voyez bien par là que saint Augustin se contentait de préparer les choses dans son esprit, sans mettre dans sa mémoire toutes les paroles de ses sermons. Quand même les règles de la vraie éloquence demanderaient quelque chose de plus, celles du ministère évangélique ne permettraient pas d'aller plus loin. Pour moi, je suis, il y a longtemps, de votre avis là-dessus. Pendant qu'il y a tant de besoins pressants dans le christianisme, pendant que le prêtre, qui doit être l'homme de Dieu, préparé à toute bonne œuvre, devrait se hâter de déraciner l'ignorance et les scandales du champ de l'Église, je trouve qu'il est fort indigne de lui qu'il passe sa vie dans son cabinet à arrondir des périodes, à retoucher des portraits, et à inventer des divisions : car, dès qu'on s'est mis sur le pied de ces sortes de prédicateurs, on n'a plus le temps de faire autre chose, on ne fait plus d'autre étude ni d'autre travail ; encore même, pour se soulager, se réduit-on souvent à redire toujours les mêmes sermons. Quelle éloquence que celle d'un homme dont l'auditeur sait par avance toutes les expres-

(1) *De Doctrina Christi*, liv. IV, n° 25.

sions et tous les mouvements! Vraiment, c'est bien là le
moyen de surprendre, d'étonner, d'attendrir, de saisir
et de persuader les hommes! Voilà une étrange manière
de cacher l'art et de faire parler la nature! Pour moi, je
le dis franchement, tout cela me scandalise. Quoi! le dis-
pensateur des mystères de Dieu sera-t-il un déclamateur
oisif, jaloux de sa réputation, et amoureux d'une vaine
pompe? N'osera-t-il parler de Dieu à son peuple sans
avoir rangé toutes ses paroles et appris en écolier sa
leçon par cœur?

A. Votre zèle me fait plaisir. Ce que vous dites est
véritable. Il ne faut pourtant pas le dire trop fortement;
car on doit ménager beaucoup de gens de mérite et
même de piété, qui, déférant à la coutume, ou préoccupés
par l'exemple, se sont engagés de bonne foi dans la méthode que vous blâmez avec raison. Mais j'ai honte de
vous interrompre si souvent. Achevez, je vous prie.

C. Je voudrais qu'un prédicateur expliquât toute la religion, qu'il la développât d'une manière sensible, qu'il
montrât l'institution des choses, qu'il en marquât la suite
et la tradition, qu'en montrant ainsi l'origine et l'établissement de la religion il détruisît les objections des libertins sans entreprendre ouvertement de les attaquer, de
peur de scandaliser les simples fidèles.

A. Vous dites très-bien; car la véritable manière de
prouver la vérité de la religion est de la bien expliquer (1). Elle se prouve elle-même, quand on en donne
la vraie idée. Toutes les autres preuves, qui ne sont pas
tirées du fond et des circonstances de la religion même,
lui sont comme étrangères. Par exemple, la meilleure
preuve de la création du monde, du déluge, et des miracles
de Moïse, c'est la nature de ces miracles et la manière
dont l'histoire en est écrite : il ne faut, à un homme sage
et sans passion, que les lire pour en sentir la vérité.

(1) On a dit dans le même sens et avec la même justesse : Le meilleur moyen de renverser toutes les fausses philosophies est d'en faire
une bonne.

C. Je voudrais encore qu'un prédicateur expliquât assidûment et de suite au peuple, outre tout le détail de l'Évangile et des mystères, l'origine et l'institution des sacrements, les traditions, les disciplines, l'office et les cérémonies de l'Église (1) : par là on prémunirait les fidèles contre les objections des hérétiques ; on les mettrait en état de rendre raison de leur foi, et de toucher même ceux d'entre les hérétiques qui ne sont point opiniâtres. Toutes ces instructions affermiraient la foi, donneraient une haute idée de la religion, et feraient que le peuple profiterait pour son édification de tout ce qu'il voit dans l'Église ; au lieu qu'avec l'instruction superficielle qu'on lui donne, il ne comprend presque rien de tout ce qu'il voit, et il n'a même qu'une idée très-confuse de ce qu'il entend dire au prédicateur. C'est principalement à cause de cette suite d'instructions que je voudrais que des gens fixes, comme les pasteurs, prêchassent dans chaque paroisse. J'ai souvent remarqué qu'il n'y a ni art ni science dans le monde que les maîtres n'enseignent de suite par principes et avec méthode : il n'y a que la religion qu'on n'enseigne point de cette manière aux fidèles. On leur donne dans l'enfance un petit catéchisme sec (2), et qu'ils apprennent par cœur sans en comprendre le sens : après quoi ils n'ont plus pour instruction que des sermons vagues et détachés. Je voudrais, comme vous le disiez tantôt, qu'on enseignât aux chrétiens les premiers éléments de leur religion, et qu'on les menât avec ordre jusqu'aux plus hauts mystères (3).

A. C'est ce que l'on faisait autrefois. On commençait par les catéchèses (4), après quoi les pasteurs enseignaient

(1) Ces dernières parties de la science religieuse ont presque toujours été entièrement négligées, et il n'y a pas d'exagération à prétendre que la foi en a beaucoup souffert.

(2) Le *Catéchisme historique* de Fleury n'avait pas encore paru. Fénelon et Bossuet l'engagèrent à le composer pour remédier à ce défaut.

(3) Le concile de Trente avait émis le même vœu, et dans ce but il avait publié son Catéchisme, pour servir de guide à tous les pasteurs.

(4) Pour avoir une idée de cette ancienne méthode, on peut lire

de suite l'Évangile par des homélies. Cela faisait des chrétiens très-instruits de toute la parole de Dieu. Vous connaissez le livre de saint Augustin, *de Catechizandis rudibus* (1). Vous connaissez aussi le *Pédagogue* de saint Clément, qui est un ouvrage fait pour faire connaître aux païens qui se convertissaient, les mœurs de la philosophie chrétienne. C'étaient les plus grands hommes qui étaient employés à ces instructions : aussi produisaient-elles des fruits merveilleux, et qui nous paraissent maintenant presque incroyables.

C. Enfin, je voudrais que le prédicateur, quel qu'il fût, fît ses sermons de manière qu'ils ne lui fussent point fort pénibles, et qu'ainsi il pût prêcher souvent. Il faudrait que tous ses sermons fussent courts (2), et qu'il pût, sans s'incommoder et sans lasser le peuple, prêcher tous les dimanches après l'évangile. Apparemment ces anciens évêques, qui étaient fort âgés (3) et chargés de tant de travaux, ne faisaient pas autant de cérémonie que nos prédicateurs pour parler au peuple au milieu de la messe qu'ils disaient eux-mêmes solennellement tous les dimanches (4). Maintenant, afin qu'un prédicateur ait bien fait, il faut qu'en sortant de chaire il soit tout en eau, hors d'haleine, et incapable d'agir le reste du jour. La chasuble, qui n'était point alors échancrée à l'endroit des épaules comme à présent, et qui pendait en rond également de tous les côtés, les empêchait apparemment de remuer autant les bras que nos prédicateurs les remuent. Ainsi leurs sermons

les *Catéchèses* de saint Cyrille, cet ouvrage si remarquable sous tous les rapports.

(1) Dans ce livre, saint Augustin dit à un diacre qui l'avait consulté à ce sujet, quelle est la vraie méthode qu'on doit suivre pour l'instruction des simples fidèles.

(2) Saint François de Sales disait : « Il est toujours mieux que la prédication soit courte que longue. Pourvu qu'elle dure une demi-heure, elle ne peut être trop courte. » (*Traité de la Prédication*, ch. V, art. VII.)

(3) On dit que saint Jean, dans ses dernières années, se contentait de dire, dans toute l'effusion de son cœur : *Mes enfants, aimez-vous les uns les autres.*

(4) Leurs homélies sont généralement courtes, simples, mais claires et substantielles.

étaient courts, et leur action grave et modérée. Hé bien!
monsieur, tout cela n'est-il pas selon vos principes? N'est-
ce pas l'idée que vous nous donnez des sermons?

A. Ce n'est pas la mienne, c'est celle de l'antiquité.
Plus j'entre dans le détail, plus je trouve que cette ancienne forme des sermons était la plus parfaite. C'étaient
de grands hommes, des hommes non-seulement fort
saints, mais très-éclairés sur le fond de la religion et sur
la manière de persuader les hommes, qui s'étaient appliqués à régler toutes ces circonstances : il y a une sagesse
merveilleuse cachée sous cet air de simplicité. Il ne faut
pas s'imaginer qu'on ait pu dans la suite trouver rien de
meilleur. Vous avez, monsieur, expliqué tout cela parfaitement bien, et vous ne m'avez laissé rien à dire; vous
développez bien mieux ma pensée que moi-même.

B. Vous élevez bien haut l'éloquence et les sermons des
Pères.

A. Je ne crois pas en dire trop.

B. Je suis surpris de voir qu'après avoir été si rigou-
reux contre les orateurs profanes qui ont mêlé des jeux
d'esprit dans leurs discours, vous soyez si indulgent pour
les Pères, qui sont pleins de jeux de mots, d'antithèses et
de pointes fort contraires à toutes vos règles (1). De grâce,
accordez-vous avec vous-même, développez-nous tout
cela : par exemple, que pensez-vous du style de Tertullien?

A. Il y a des choses très-estimables dans cet auteur;
la grandeur de ses sentiments est souvent admirable :
d'ailleurs, il faut le lire pour certains principes sur la
tradition, pour les faits d'histoire, et pour la discipline
de son temps. Mais pour son style, je n'ai garde de le
défendre : il a beaucoup de pensées fausses et obscures (2),
beaucoup de métaphores dures et entortillées. Ce qui est

(1) Sous ce prétexte, les beaux esprits s'étaient interdit la lecture
des Pères, et ce préjugé était devenu presque universel, surtout
parmi ceux qui prétendaient à la pureté du goût et à la beauté du
langage.
(2) Surtout dans les ouvrages qu'il a composés après sa chute.

mauvais en lui est ce que la plupart des lecteurs y cherchent le plus. Beaucoup de prédicateurs se gâtent par cette lecture ; l'envie de dire quelque chose de singulier les jette dans cette étude. La diction de Tertullien, qui est extraordinaire et pleine de faste, les éblouit. Il faudrait donc bien se garder d'imiter ses pensées et son style ; mais on devrait tirer de ses ouvrages ses grands sentiments et la connaissance de l'antiquité.

B. Mais saint Cyprien, qu'en dites-vous ? N'est-il pas aussi bien enflé ?

A. Il l'est sans doute : on ne pouvait guère être autrement dans son siècle et dans son pays. Mais quoique son style et sa diction sentent l'enflure de son temps et la dureté africaine (1), il a pourtant beaucoup de force et d'éloquence : on voit partout une grande âme, une âme éloquente, qui exprime ses sentiments d'une manière noble et touchante : on y trouve, en quelques endroits, des ornements affectés, par exemple dans l'*Épître à Donat*, que saint Augustin cite néanmoins comme une épître pleine d'éloquence (2). Ce Père dit (3) que Dieu a permis que ces traits d'une éloquence affectée aient échappé à saint Cyprien, pour apprendre à la postérité combien l'exactitude chrétienne a châtié dans tout le reste de ses ouvrages ce qu'il y avait d'ornements superflus dans le style de cet orateur, et qu'elle l'a réduit dans les bornes d'une éloquence plus grave et plus modeste. C'est, continue saint Augustin, ce dernier caractère, marqué dans toutes les lettres suivantes de saint Cyprien, qu'on peut aimer avec sûreté, et chercher suivant les règles de la plus sévère religion, mais auquel on ne peut parvenir qu'avec beaucoup de peine. Dans le fond, l'épître de saint Cyprien à Donat, quoique trop ornée, au jugement même de saint Augustin, mérite d'être appelée éloquente : car encore qu'on y trouve, comme il dit, un peu trop de fleurs semées, on voit bien néanmoins que le

(1) Ce jugement sur saint Cyprien nous paraît sévère.
(2) *De Doctr. Christ.*
(3) *De Doctr. Christ.*, l. IV. n° 31.

gros de l'épître (1) est très-sérieux, très-vif, et très-propre
à donner une idée du christianisme à un païen qu'on veu-
convertir. Dans les endroits où saint Cyprien s'anime
fortement, il laisse là tous les jeux d'esprit; il prend un
tour véhément et sublime.

B. Mais saint Augustin dont vous parlez, n'est-ce pas
l'écrivain du monde le plus accoutumé à se jouer des pat
roles ? Le défendrez-vous aussi?

A. Non, je ne le défendrai point là-dessus. C'est le défaut de son temps, auquel son esprit vif et subtil lui
donnait une pente naturelle. Cela montre que saint Augustin n'a pas été un orateur parfait; mais cela n'empêche
pas qu'avec ce défaut il n'ait eu un grand talent pour la
persuasion. C'est un homme qui raisonne avec une force
singulière, qui est plein d'idées nobles, qui connaît le
fond du cœur de l'homme, qui est poli et attentif à garder
dans tous ses discours la plus étroite bienséance, qui
s'exprime enfin presque toujours d'une manière tendre,
affectueuse et insinuante. Un tel homme ne mérite-t-il pas
qu'on lui pardonne le défaut que nous reconnaissons
en lui?

C. Il est vrai que je n'ai jamais trouvé qu'en lui seul
une chose que je vais vous dire; c'est qu'il est touchant,
lors même qu'il fait des pointes. Rien n'en est plus rempli
que ses *Confessions* et ses *Soliloques*. Il faut avouer
qu'ils sont tendres, et propres à attendrir le lecteur.

A. C'est qu'il corrige le jeu d'esprit, autant qu'il est
possible, par la naïveté de ses mouvements et de ses
affections. Tous ses ouvrages portent le caractère de l'a-
mour de Dieu; non-seulement il le sentait, mais il savait
merveilleusement exprimer au dehors les sentiments qu'il
en avait. Voilà la tendresse qui fait une partie de l'éloquence. D'ailleurs nous voyons que saint Augustin connaissait bien le fond des véritables règles. Il dit qu'un
discours, pour être persuasif, doit être simple, naturel,
que l'art y doit être caché, et qu'un discours qui paraît

(1) On trouve souvent des expressions semblables dans Bossuet.

trop beau met l'auditeur en défiance. Il y applique ces paroles que vous connaissez : *Qui sophistice loquitur odibilis est* (1). Il traite aussi avec beaucoup de science l'arrangement des choses, le mélange des divers styles, les moyens de faire toujours croître le discours, la nécessité d'être simple et familier, même pour les tons de la voix, et pour l'action en certains endroits, quoique tout ce qu'on dit soit grand quand on prêche la religion ; enfin la manière de surprendre et de toucher. Voilà les idées de saint Augustin sur l'éloquence. Mais voulez-vous voir combien dans la pratique il avait l'art d'entrer dans les esprits, et combien il cherchait à émouvoir les passions, selon le vrai but de la rhétorique? lisez ce qu'il rapporte lui-même d'un discours qu'il fit au peuple à Césarée de Mauritanie pour faire abolir une coutume barbare. Il s'agissait d'une coutume ancienne qu'on avait poussée jusqu'à une cruauté monstrueuse, c'est tout dire. Il s'agissait d'ôter au peuple un spectacle dont il était charmé ; jugez vous-même de la difficulté de cette entreprise. Saint Augustin dit qu'après avoir parlé quelque temps, ses auditeurs s'écrièrent et lui applaudirent : mais il jugea que son discours ne persuaderait point, tandis qu'on s'amuserait à lui donner des louanges. Il ne compta donc pour rien le plaisir et l'admiration de l'auditeur, et il ne commença à espérer que quand il vit couler des larmes. En effet, ajoute-t-il, le peuple renonça à ce spectacle, et il y a huit ans qu'il n'a point été renouvelé (2). N'est-ce pas là un vrai orateur? Avons-nous des prédicateurs qui soient en état d'en faire autant? Saint Jérôme a encore ses défauts pour le style; mais ses expressions sont mâles et grandes. Il n'est pas régulier; mais il est bien plus éloquent que la plupart des gens qui se piquent de l'être. Ce serait juger en petit grammairien, que de n'examiner les Pères que par la langue et le style (3). (Vous savez bien

(1) *De Doctr. Christ.*, lib. II.
(2) Fénelon rapporte ce même exemple avec les paroles mêmes de saint Augustin dans sa *Lettre à l'Académie.*
(3) C'est malheureusement le défaut dans lequel nous tombons encore aujourd'hui trop souvent.

qu'il ne faut pas confondre l'éloquence avec l'élégance et la pureté de la diction). Saint Ambroise suit aussi quelquefois la mode de son temps : il donne à son discours les ornements qu'on estimait alors. Peut-être même que ces grands hommes, qui avaient des vues plus hautes que les règles communes de l'éloquence, se conformaient au goût du temps pour faire écouter avec plaisir la parole de Dieu, et pour insinuer les vérités de la religion. Mais après tout, ne voyons-nous pas saint Ambroise, nonobstant quelques jeux de mots, écrire à Théodose avec une force et une persuasion inimitables (1) ? Quelle tendresse n'exprime-t-il pas quand il parle de la mort de son frère Satyre (2)! Nous avons même, dans le *Bréviaire romain*, un discours de lui sur la tête de saint Jean, qu'Hérode respecte et craint encore après sa mort : prenez-y garde, vous en trouverez la fin sublime. Saint Léon est enflé (3), mais il est grand. Saint Grégoire pape était encore dans un siècle pire (4); il a pourtant écrit plusieurs choses avec beaucoup de force et de dignité. Il faut savoir distinguer ce que le malheur du temps a mis dans ces grands hommes, comme dans tous les autres écrivains de leurs siècles, d'avec ce que leur génie et leurs sentiments leur fournissaient pour persuader leurs auditeurs.

C. Mais quoi! tout était donc gâté, selon vous, pour l'éloquence, dans ces siècles si heureux pour la religion ?

A. Sans doute : peu de temps après l'empire d'Auguste, l'éloquence et la langue latine même n'avaient fait que se corrompre. Les Pères ne sont venus qu'après ce déclin : ainsi il ne faut pas les prendre pour des modèles sûrs en tout ; il faut même avouer que la plupart des sermons que nous avons d'eux sont leurs moins forts ouvrages. Quand je vous montrais tantôt, par le témoignage des Pères, que l'Écriture est éloquente, je songeais en moi-

_____

(1) Voyez *Ambros., ep. ad Theodos. Epist.*
(2) Voyez cette magnifique *Oraison funèbre*.
(3) Saint Léon est majestueux et élevé, mais sa phrase est pleine, et il ne donne jamais dans l'enflure.
(4) Saint Grégoire le Grand a régné de 390 a 601.

même que c'étaient des témoins dont l'éloquence est bien inférieure à celle que vous n'avez crue que sur leur parole. Il y a des gens d'un goût si dépravé, qu'ils ne sentiront pas les beautés d'Isaïe, et qu'ils admireront saint Pierre Chrysologue, en qui, nonobstant le beau nom qu'on lui a donné, il ne faut chercher que le fond de la piété évangélique sous une infinité de mauvaises pointes. Dans l'Orient, la bonne manière de parler et d'écrire se soutint davantage : la langue grecque s'y conserva presque dans sa pureté. Saint Chrysostome la parlait fort bien. Son style, comme vous savez, est diffus : mais il ne cherche point de faux ornements, tout tend à la persuasion ; il place chaque chose avec dessein, il connaît bien l'Écriture sainte et les mœurs des hommes, il entre dans les cœurs, il rend les choses sensibles, il a des pensées hautes et solides, et il n'est pas sans mouvements : dans son tout, on peut dire que c'est un grand orateur. Saint Grégoire de Nazianze est plus concis et plus poétique, mais un peu moins appliqué à la persuasion. Il a néanmoins des endroits fort touchants ; par exemple, son adieu à Constantinople, et l'éloge funèbre de saint Basile. Celui-ci est grave, sentencieux, austère, même dans la diction. Il avait profondément médité tout le détail de l'Évangile ; il connaissait à fond les maladies de l'homme, et c'est un grand maître pour le régime des âmes. On ne peut rien voir de plus éloquent que son Épître à une vierge qui était tombée : à mon sens, c'est un chef-d'œuvre. Si on n'a un goût formé sur tout cela, on court risque de prendre dans les Pères ce qu'il y a de moins bon, et de ramasser leurs défauts dans les sermons que l'on compose.

C. Mais combien a duré cette fausse éloquence que vous dites qui succéda à la bonne ?

A. Jusqu'à nous.

C. Quoi ! jusqu'à nous ?

A. Oui, jusqu'à nous : et nous n'en sommes pas encore autant sortis que nous le croyons ; vous en comprendrez bientôt la raison. Les barbares qui inondèrent l'empire romain mirent partout l'ignorance et le mauvais goût.

Nous venons d'eux; et quoique les lettres aient commencé à se rétablir dans le quinzième siècle, cette résurrection a été lente. On a eu de la peine à revenir à la bonne voie; et il y a encore bien des gens fort éloignés de la connaître. Il ne faut pas laisser de respecter non-seulement les Pères, mais encore les auteurs pieux qui ont écrit dans ce long intervalle : on y apprend la tradition de leur temps, et on y trouve plusieurs autres instructions très-utiles (1). Je suis tout honteux de décider ici; mais souvenez-vous, messieurs, que vous l'avez voulu, et que je suis tout prêt à me dédire, si on me fait apercevoir que je me suis trompé. Il est temps de finir cette conversation.

C. Nous ne vous mettons point en liberté que vous n'ayez dit votre sentiment sur la manière de choisir un texte.

A. Vous comprenez bien que les textes viennent de ce que les pasteurs ne parlaient jamais autrefois au peuple de leur propre fonds; ils ne faisaient qu'expliquer les paroles du texte de l'Écriture (2). Insensiblement on a pris la coutume de ne plus suivre toutes les paroles de l'Évangile : on n'en explique plus qu'un seul endroit, qu'on nomme le texte du sermon. Si donc on ne fait pas une explication exacte de toutes les parties de l'Évangile, il faut au moins en choisir les paroles qui contiennent les vérités les plus importantes et les plus proportionnées au besoin du peuple. Il faut les bien expliquer; et d'ordinaire, pour bien faire entendre la force d'une parole, il faut en expliquer beau-

(1) Fénelon juge ici trop sévèrement le moyen âge. On ne peut d'ailleurs lui en faire un reproche, puisque ce sentiment était celui de tout son siècle. Malgré la barbarie prétendue de notre époque, il est certain qu'en tout temps il y a toujours eu de bons écrivains, et je crois qu'on pourrait démontrer que la pureté du goût n'a eu que de rares interrègnes, et qu'en général, parmi les auteurs ecclésiastiques, il y en a toujours eu qui ont parlé le latin avec élégance et clarté.

(2) Avant que le prédicateur parlât, le lecteur lisait devant toute l'assemblée un passage des saintes Écritures, et ce passage devenait la matière du sermon. (Voyez notre *Siècle de Louis XIV*, page 409.)

coup d'autres qui la précèdent et qui la suivent; il n'y faut chercher rien de subtil. Qu'un homme a mauvaise grâce de vouloir faire l'inventif et l'ingénieux, lorsqu'il devrait parler avec toute la gravité et l'autorité du Saint-Esprit, dont il emprunte les paroles !

C. Je vous avoue que les textes forcés m'ont toujours déplu. N'avez-vous pas remarqué qu'un prédicateur tire d'un texte tous les sermons qu'il lui plaît ? Il détourne insensiblement la matière pour ajuster son texte avec le sermon qu'il a besoin de débiter, cela se fait surtout dans les Carêmes. Je ne puis l'approuver.

B. Vous ne finirez pas, s'il vous plaît, sans m'avoir encore expliqué une chose qui me fait de la peine. Après cela je vous laisse aller.

A. Hé bien ! voyons si je pourrai vous contenter : j'en ai grande envie, car je souhaite fort que vous employiez votre talent à faire des sermons simples et persuasifs.

B. Vous voulez qu'un prédicateur explique de suite et littéralement l'Écriture sainte.

A. Oui, cela serait admirable.

B. Mais d'où vient donc que les Pères ont fait autrement ? Ils sont toujours, ce me semble, dans les sens spirituels. Voyez saint Augustin, saint Grégoire, saint Bernard : ils trouvent des mystères sur tout, ils n'expliquent guère la lettre.

A. Les Juifs du temps de Jésus-Christ étaient devenus fertiles en sens mystérieux et allégoriques. Il paraît que les Thérapeutes, qui demeuraient principalement à Alexandrie, et que Philon dépeint comme des Juifs philosophes, mais qu'Eusèbe prétend être les premiers chrétiens, étaient tout adonnés à ces explications de l'Écriture. C'est dans la même ville d'Alexandrie que les allégories ont commencé à avoir quelque éclat parmi les chrétiens. Le premier des Pères qui s'est écarté de la lettre a été Origène (1) : vous savez le bruit qu'il a fait dans l'Église. La

(1) Cette explication n'est elle pas un peu superficielle? Il est bien vrai que les choses se sont passées ainsi historiquement. Mais tout

piété inspire d'abord ces interprétations ; elles ont quelque chose d'ingénieux, d'agréable et édifiant. La plupart des Pères, suivant le goût des peuples de ce temps, et apparemment le leur propre, s'en sont beaucoup servis ; mais ils recouraient toujours fidèlement au sens littéral et au prophétique (1), qui est littéral en sa manière, dans toutes les choses où il s'agissait de montrer les fondements de la doctrine. Quand les peuples étaient parfaitement instruits de ce que la lettre leur devait apprendre, les Pères leur donnaient ces interprétations spirituelles pour les édifier et pour les consoler. Ces explications étaient fort au goût surtout des Orientaux, chez qui elles ont commencé ; car ils sont naturellement passionnés pour le langage mystérieux et allégorique. Cette variété de sens leur faisait un plaisir sensible, à cause des fréquents sermons et des lectures presque continuelles de l'Écriture qui étaient en usage dans l'Église. Mais parmi nous, où les peuples sont infiniment moins instruits, il faut courir au plus pressé, et commencer par le littéral (2), sans manquer de respect pour les sens pieux qui ont été donnés par les Pères : il faut avoir du pain avant que de chercher des ragoûts. Sur l'explication de l'Écriture on ne peut mieux faire que d'imiter la solidité de saint Chrysostome. La plupart des gens de notre temps ne cherchent point les sens allégoriques, parce qu'ils ont déjà assez expliqué tout le littéral ; mais ils abandonnent le littéral parce qu'ils n'en conçoivent pas la grandeur, et qu'ils le trouvent sec

en admettant ce que dit ici Fénelon, nous voudrions qu'on reconnût à ces allégories une origine plus profonde ; car nous croyons que, dogmatiquement, on peut soutenir en thèse générale que ces sens anagogiques, tropologiques, etc., ne sont pas purement arbitraires.

(1) Cette observation est plus exacte, et il nous semble qu'elle renferme la vraie réponse à l'objection que Fénelon s'est laissé faire. C'est que les sens mystiques n'excluent point le sens littéral, et que, tout arbitraires qu'ils paraissent, ils doivent toujours avoir ce dernier pour base.

(2) Ceci est aujourd'hui d'autant plus nécessaire, que le sentiment religieux n'est ni assez vif ni assez développé pour goûter les autres interprétations.

et stérile par rapport à leur manière de prêcher. On trouve toutes les vérités et tout le détail des mœurs dans la lettre de l'Écriture sainte (1); et on l'y trouve, non-seulement avec une autorité et une beauté merveilleuse, mais encore avec une abondance inépuisable : en s'y attachant, un prédicateur aurait toujours sans peine un grand nombre de choses nouvelles et grandes à dire. C'est un mal déplorable de voir combien ce trésor est négligé par ceux même qui l'ont tous les jours entre les mains. Si on s'attachait à cette méthode ancienne de faire des homélies, il y aurait deux sortes de prédicateurs. Les uns, n'ayant ni la vivacité ni le génie poétique, expliqueraient simplement l'Écriture sans en prendre le tour noble et vif : pourvu qu'ils le fissent d'une manière solide et exemplaire, ils ne laisseraient pas d'être d'excellents prédicateurs; ils auraient ce que demande saint Ambroise, une diction pure, simple, claire, pleine de poids et de gravité, sans y affecter l'élégance, ni mépriser la douceur et l'agrement. Les autres, ayant le génie poétique, expliqueraient l'Écriture avec le style et les figures de l'Écriture même, et ils seraient par là des prédicateurs achevés. Les uns instruiraient d'une manière forte et vénérable; les autres ajouteraient à la force de l'instruction la sublimité, l'enthousiasme et la véhémence de l'Écriture, en sorte qu'elle serait, pour ainsi dire, tout entière et vivante en eux, autant qu'elle peut l'être dans les hommes qui ne sont point miraculeusement inspirés d'en haut.

B. Ha ! monsieur, j'oubliais un article important : attendez, je vous prie; je ne vous demande plus qu'un mot.

A. Faut-il censurer encore quelqu'un ?

B. Oui, les panégyristes. Ne croyez-vous pas que, quand on fait l'éloge d'un saint, il faut peindre son caractère, et réduire toutes ses actions et toutes ses vertus à un point (2)?

_____

(1) Bossuet la lisait sans cesse, et lui empruntait ses expressions les plus riches et ses plus beaux mouvements d'éloquence.

(2) Cette méthode est celle de Bourdaloue, et les observations critiques de Fénelon n'y ont pas fait déroger.

A. Cela sert à montrer l'invention et la subtilité de l'orateur.

B. Je vous entends ; vous ne goûtez pas cette méthode.

A. Elle me paraît fausse pour la plupart des sujets. C'est forcer les matières, que de les vouloir toutes réduire à un seul point. Il y a un grand nombre d'actions dans la vie d'un homme qui viennent de divers principes, et qui marquent des qualités très-différentes. C'est une subtilité scolastique, et qui marque un orateur très-éloigné de bien connaître la nature, que de vouloir rapporter tout à une seule cause (1). Le vrai moyen de faire un portrait bien ressemblant est de peindre un homme tout entier ; il faut le mettre devant les yeux des auditeurs, parlant et agissant. En décrivant le cours de sa vie, il faut appuyer principalement sur les endroits où son naturel et sa grâce paraissent davantage ; mais il faut un peu laisser remarquer ces choses à l'auditeur. Le meilleur moyen de louer le saint, c'est de raconter ses actions louables. Voilà ce qui donne du corps et de la force à un éloge ; voilà ce qui instruit ; voilà ce qui touche. Souvent les auditeurs s'en retournent sans savoir la vie du saint dont ils ont entendu parler une heure : tout au plus ils ont entendu beaucoup de pensées sur un petit nombre de faits détachés et marqués sans suite. Il faudrait au contraire peindre le saint au naturel, le montrer tel qu'il a été dans tous les âges, dans toutes les conditions et dans les principales conjonctures où il a passé (2). Cela n'empêcherait point qu'on ne remarquât son caractère ; on le

---

(1) Les théologiens, en observant les actions au point de vue de la moralité, sont parvenus à les classer en diverses catégories. On a distingué les vices et les vertus d'après leurs objets, et on a élevé de curieuses théories. Les prédicateurs ont cru qu'ils pourraient aussi ramener à quelques points généraux la vie de tous les saints, et ils se sont engagés dans la méthode ici condamnée par Fénelon.

(2) Les panégyriques auraient du moins le mérite d'être variés ; au lieu que, d'après l'autre méthode, ils se ressemblent presque tous, et il n'y a souvent pas de raison pour les appliquer à un saint plutôt qu'à un autre.

ferait même bien mieux remarquer par ses actions et par
ses paroles , que par des pensées et des desseins d'imagination.

B. Vous voudriez donc faire l'histoire de la vie du
saint, et non pas son panégyrique?

A. Pardonnez-moi , je ne ferais point une narration
simple. Je me contenterais de faire un tissu des faits
principaux : mais je voudrais que ce fût un récit concis,
pressé, vif, plein de mouvements; je voudrais que chaque mot donnât une haute idée des saints, et fût une
instruction pour l'auditeur. A cela j'ajouterais toutes les
réflexions morales que je croirais les plus convenables.
Ne croyez-vous pas qu'un discours fait de cette manière
aurait une noble et aimable simplicité? Ne croyez-vous
pas que les vies des saints en seraient mieux connues, et
les peuples plus édifiés? Ne croyez-vous pas même, selon
les règles de l'éloquence que nous avons posées, qu'un
tel discours serait plus éloquent que tous ces panégyriques
guindés qu'on voit d'ordinaire?

B. Je vois bien maintenant que ces sermons-là ne seraient ni moins instructifs, ni moins touchants, ni moins
agréables que les autres. Je suis content, monsieur, en
voilà assez; il est juste que vous alliez vous délasser.
Pour moi, j'espère que votre peine ne sera pas inutile; car
je suis résolu de quitter tous les recueils modernes et tous
les *pensieri* italiens (1). Je veux étudier fort sérieusement
toute la suite et tous les principes de la religion dans ses
sources.

C. Adieu, monsieur : pour tout remercîment, je vous
assure que je vous croirai.

A. Bonsoir, messieurs; je vous quitte avec ces paroles
de saint Jérome à Népotien : « Quand vous enseignerez
« dans l'église, n'excitez point les applaudissements, mais
« les gémissements du peuple. Que les larmes de vos audi-

(1) On appelait ainsi des recueils de *pensees* qui servaient à dé-
frayer la plupart des prédicateurs.

« teurs soient vos louanges. Il faut que les discours d'un
« prêtre soient pleins de l'Écriture sainte. Ne soyez pas
« un déclamateur, mais un vrai docteur des mystères de
« Dieu (1). »

(1) Hier., Epist. XXXIV, tom. IV, part II, pag. 262.

FIN.

www.ingramcontent.com/pod-product-compliance
Lightning Source LLC
Chambersburg PA
CBHW051742090426
42738CB00010B/2380